CAROLINE BRÉMAUD
avec MARTIN DU PEUTY

ÉTAT D'URGENCES

Le quotidien d'une médecin en lutte pour l'hôpital public

ÉDITIONS DU SEUIL
*57, rue Gaston-Tessier, Paris XIXe*

ISBN 978-2-02-158754-8

www.seuil.com

Tout ce que vous ferez sera dérisoire, mais il est essentiel que vous le fassiez.

Gandhi

Mon premier souci sera de rétablir, de préserver ou de promouvoir la santé dans tous ses éléments, physiques et mentaux, individuels et sociaux.

Serment d'Hippocrate

1

En grève

Vendredi 8 octobre 2021. Je me lève avec la ferme intention de rallier le mouvement de grève national et illimité du personnel des Urgences qui débute le lendemain. Sur mon front et mes joues, j'inscris EN GRÈVE en lettres noires. Puis je me prends en photo, visage fermé, et poste le cliché sur Twitter, LinkedIn, Instagram et Facebook, accompagné de ces mots :

> Je m'appelle Caroline, je suis cheffe de service des Urgences de Laval et demain je serai en grève parce que j'aime mon métier, mes collègues, mes patients… Pour défendre l'indispensable ! Ne rien dire c'est consentir.

C'est le début de quelque chose que je ne pouvais pas imaginer.

Le *tweet* à lui seul totalisera 207 000 impressions. Très vite, les trois médias locaux que sont France Bleu Mayenne, *Ouest-France* et le *Courrier de la Mayenne* cherchent à me joindre. En arrivant à l'hôpital, j'apprends qu'un journaliste de *Libération* a récupéré le numéro à dix chiffres du 15 de la Mayenne pour me parler directement.

D'autres médias nationaux me contactent par le même biais ou par message privé pour savoir si j'accepte d'être interviewée.

C'est l'emballement.

Moi qui m'étais dit que, peut-être, en s'y mettant tous, on arriverait à sensibiliser la population au délitement que connaît l'hôpital, j'étais loin de m'attendre à une telle vague d'intérêt autour de ma personne. Mon unique intention, à l'instar du colibri de la légende, était de faire ma part afin que les soignants ne soient plus seuls à se mobiliser pour la santé. Je rêvais bien sûr d'un effet papillon, pour rester dans l'imagerie des petits animaux ailés, mais à ce point…

En quelques jours, l'hôpital de Laval et son service des Urgences deviennent pour ainsi dire la figure de proue de la grève. On ne parle que de nous. Cet engouement crée une vraie bouffée d'air dans les équipes. *On y croit !* Je reçois des dizaines de messages de soutien de la part de membres des équipes paramédicales, de médias, d'hommes et de femmes politiques… Mon compte Twitter s'enflamme.

Durant les jours et les semaines qui suivent, j'explique inlassablement à chacun des journalistes qui m'interrogent la situation dramatique dans laquelle nous sommes, nos conditions de travail devenues insupportables.

« À Laval, on est cinq équivalents temps plein sur le service des Urgences pour un objectif entre seize et dix-huit. À peine un tiers de l'objectif cible », ai-je l'occasion de souligner dans le *13/14* de France Inter. Le journaliste Bruno Duvic ne peut réprimer un « Oh ! » de surprise, avant de me demander :

« Ça donne des journées comment, ça ?

– Ça donne des journées infernales. C'est-à-dire que pour l'instant, à coups d'heures supplémentaires, de temps additionnel, on est deux au lieu de trois la journée et on est tout seul au lieu de deux la nuit. C'est des interruptions de tâches constantes. C'est aller au travail avec la boule au ventre. C'est l'impression d'abandonner la population, puisque du coup on ferme des filières. Pour l'instant, on n'en est pas encore à fermer complètement les Urgences mais on l'envisage pour la fin du mois. »

Cette dernière remarque ne provoque pas de réaction particulière de la part du journaliste. À sa décharge, les sujets qu'il lui faut encore aborder avec moi, ainsi qu'avec Yann Galut, maire de Bourges, interrogé sur les mêmes thèmes, sont nombreux : les raisons de la pénurie de médecins urgentistes, les déserts médicaux, la liberté d'installation des médecins généralistes, la mise en application de la loi Rist et l'encadrement de la rémunération des médecins intérimaires, la réaction des Agences régionales de santé et du ministre de la Santé Olivier Véran, tout ça entrecoupé des témoignages de toutes les régions de France qui « affluent au standard ».

Le système-de-santé-que-le-monde-entier-nous-envie s'effondre, à l'image de ces murailles de glace qui se détachent de la banquise et s'enfoncent dans l'océan. Ce qui était jusque-là une tempête à bas bruit se révèle enfin au grand jour. Et c'est un tsunami. Quant à moi, jeune médecin, cheffe de service dans un centre hospitalier important, qui ne suis affiliée à aucun parti ni à aucun syndicat, il semblerait que je sois l'interlocutrice idéale pour témoigner de l'intérieur.

Eh bien soit, je ne me dérobe pas. Quand bien même cela prend sur mes heures de sommeil, mes moments de loisir et le temps que je consacre à mes enfants, j'accepte de faire entendre ma voix. Comme je l'affirme à Alix Demaison, la journaliste de *Ouest-France* présente devant l'hôpital le samedi 9 octobre, jour de la mobilisation, avec mes collègues « nous voulons que les gens soient au courant. Nous voulons alerter, expliquer, faire prendre conscience ». Et je ne suis pas la moins bien placée pour ce rôle, jetée dans le grand bain comme je l'ai été en tant que directrice de crise adjointe lors de la crise Covid.

Cette responsabilité, endossée dès mars 2020, a représenté un investissement hors normes.

Ma première mission a été de restructurer l'hôpital, de dessiner des circuits pour que les gens n'aient pas à se croiser. J'ai aussi aidé à réorganiser les consultations, participé aux réunions de crise de l'hôpital et du GHT, le groupement hospitalier de territoire... Lorsque je n'étais pas de garde, mes journées commençaient à 9 heures pour s'achever à minuit, et ce, six jours sur sept. Et tous les soirs, à minuit, j'écrivais un mail à mes collègues, mes fameux *points du jour*, pour les informer des nouvelles directives : *pour la régulation, la nouvelle réglementation, c'est ça, pour l'accueil, c'est ça, pour les circulaires, on passe par ici, on passe par là...* Par ailleurs, tous les mardis, j'organisais une réunion avec les médecins pour coordonner la prise en charge.

C'est aussi moi qui me suis débrouillée pour trouver des blouses. L'administration était démunie. Ses fournisseurs attitrés, ceux habilités au titre des marchés publics de fournitures, ne donnaient plus rien. Or, il est arrivé un moment où il n'est plus resté que dix blouses en tout et pour tout dans l'unité Covid. J'ai alors pris l'annuaire, appelé toutes les entreprises susceptibles de disposer de blouses, et envoyé un message à mes amis chefs d'entreprise et salariés en leur demandant s'ils pouvaient faire quelque chose pour nous.

L'une de mes copines, employée aux ressources humaines dans une grande société dont le siège est à Laval, m'a proposé les 400 blouses qu'elle avait en réserve pour les visites d'usines. Sauf qu'il lui était interdit de sortir de chez elle à cause du confinement. J'ai donc appelé le commissariat, qui a envoyé une patrouille pour l'emmener de son domicile à son bureau et venir déposer les blouses à l'hôpital.

Cette opération s'est répétée à plusieurs reprises, jusqu'au moment où le commissariat m'a fait savoir qu'ils ne pouvaient plus continuer comme ça. C'est alors la Croix-Rouge qui a accepté de prendre le relais. Finalement, la solidarité a joué à plein et l'hôpital de Laval n'a jamais manqué de blouses. Quelqu'un est même venu du département voisin de la Sarthe nous en apporter 1 000.

Cela n'a pas empêché l'administration de faire la fine bouche, voulant d'abord s'assurer qu'elles étaient suffisamment épaisses, qu'elles avaient bien des manches…

J'ai également fait des pieds et des mains pour trouver du gel hydroalcoolique.

Pour ça, je suis passée par des pharmaciens que je connaissais. Cette fois, l'hôpital a refusé d'utiliser ces gels sous prétexte qu'ils étaient trop liquides. Mais, au bout de deux jours, voyant qu'aucun produit n'arrivait par ailleurs, ils ont changé d'avis.

Cette période Covid a été pour moi une formation expresse à la lenteur administrative et surtout à l'impuissance et au manque d'humanité que je percevais de la part de l'ARS.

Parmi les citoyens qui nous applaudissaient tous les soirs à 20 heures, peu savaient qu'il m'arrivait de rentrer chez moi épuisée et en larmes au petit matin après une nuit blanche. Auraient-ils encore ouvert leurs fenêtres pour nous encourager s'ils avaient su qu'à l'hôpital on pouvait brancher un patient Covid à un respirateur de transport, un appareil absolument pas conçu pour ventiler un patient de ce type plus de deux heures sans le tuer ? Mais, aux yeux de notre administration régionale, il s'agissait d'un respirateur. Qu'il soit ou non de transport ne lui posait aucun problème. Ce qui lui importait, en revanche, c'était qu'on ne puisse pas dire que le patient avait succombé faute de moyens. S'il était mort, c'est qu'il était très *grave*, pour employer le jargon du métier. *Bienvenue dans la vraie vie des adultes, Caroline !*

Comment ne pas verser des larmes de rage à l'heure de quitter ma garde ?

L'avantage, c'est que, lorsqu'en juillet 2020 j'ai été nommée cheffe de service, j'ai grandi. J'ai cessé de croire que tout le monde pense et fonctionne comme moi.

Focalisée comme je l'étais sur mon travail de médecin urgentiste, j'avais eu la naïveté de croire que, si une décision était prise « pour le bien des patients », c'était très certainement le cas. Jamais il ne me serait venu à l'idée de remettre en cause l'Agence régionale de santé, pour laquelle j'avais beaucoup de respect.

À présent, forte de mon expérience au cœur de la crise Covid, je ne peux plus ignorer que les décisions qu'elle prend recèlent forcément une faille, que l'aspect financier a prévalu, que la déconnexion du terrain est patente, que le discours que l'on nous sert est hypocrite.

J'avais alors trente-neuf ans et, comme j'ai eu plusieurs fois l'occasion de le dire depuis, cette crise Covid m'a rendue adulte.

Je ne suis d'ailleurs pas la seule à avoir vu voler en éclats ses dernières illusions.

Au sortir du Covid, toutes les équipes sont épuisées. On ne compte plus le nombre de collègues qui démissionnent, sont en arrêt maladie ou diminuent leur temps de travail pour exercer à temps partiel. Et ce ne sont pas les millions d'euros promis à la suite du Ségur de la santé, la consultation organisée après le premier confinement, qui changent quoi que ce soit. Les questions soulevées lors des mobilisations par le personnel hospitalier n'étaient pas uniquement financières ; les revendications portaient aussi sur les conditions de travail. Or la situation ne fait qu'empirer. Faute de médecins et de personnel soignant, on diminue la capacité d'accueil dans certains services – d'où l'expression « fermer des lits » –, ce qui a pour effet d'engorger les Urgences. Que pèsent 183 euros en plus sur une fiche de paie d'infirmier lorsque des patients attendent des heures dans le couloir, que faute de temps à leur consacrer on est obligé de laisser des gens mariner dans leur urine ? Où trouver la force de continuer à exercer un métier que l'on a choisi par passion lorsqu'on ne vous permet même plus de le faire correctement ?

Quand arrive le printemps 2021, les personnes en charge du planning tirent la sonnette d'alarme : les équivalents temps plein ne sont plus assez nombreux pour que mon service soit en mesure de faire face aux vacances d'été. *Ça ne passera pas.*

Ce n'est pas la première fois que le remplacement des départs en congés pose problème. L'été précédent, sans certaines bonnes âmes pour renoncer, qui à une soirée, qui à un week-end ou à quelques jours de vacances, nous ne serions jamais parvenus à combler les trous dans le planning. Raison pour laquelle la direction ne prend pas nos alertes très au sérieux. Après tout, l'année précédente, le problème a été résolu sans qu'ils aient besoin d'intervenir, pourquoi s'inquiéteraient-ils ?

Nous sommes en quelque sorte victimes de notre surinvestissement.

Cependant, même si nous les avons habitués, tels des prestidigitateurs, à sortir des lapins blancs de nos chapeaux, il leur faut se rendre à l'évidence : aucun coup de baguette magique ne viendra sauver la situation. Nous sommes déjà en juin ; comment trouver des remplaçants en si peu de temps ?

Branle-bas de combat.

Lors d'une réunion organisée par la direction de l'hôpital avec l'ARS, je prends la parole devant le gratin régional pour expliquer le planning et conclus en disant que les Urgences vont devoir fermer.

Que n'ai-je pas dit là ! C'est la sidération. À leurs regards, je devine qu'ils me prennent pour une idiote. Ils auraient certainement préféré un interlocuteur plus approprié, quelqu'un de sensé. Un homme d'un certain âge, peut-être... Mais il n'y en a pas. Il va falloir faire avec moi.

La réponse vient du médecin généraliste responsable de la veille et des situations sanitaires exceptionnelles pour l'Agence régionale de santé des Pays de la Loire : « Vous comprendrez, madame, que les Urgences de l'hôpital de Laval ne peuvent pas fermer. Vous vous rendez compte de ce que vous dites ? Vous êtes quand même l'hôpital support du GHT. Avec le plateau technique. C'est ridicule et c'est dangereux. Les Urgences de Laval ne fermeront pas même une heure ! »

Le médecin de l'ARS est un ancien urgentiste, et à ce titre il se targue de bien connaître le fonctionnement d'un service d'Urgences. Sauf que son expérience remonte à une dizaine d'années. Époque où les médecins généralistes, encore en nombre suffisant, jouaient leur rôle « tampon » en orientant les patients chez un spécialiste lorsqu'ils détectaient un problème. Époque aussi où les différents services de l'hôpital étaient suffisamment dotés pour accueillir sans délai les patients que nous leur envoyions pour une hospitalisation. Époque révolue donc.

Je prends un air niais au possible (ce que je sais très bien faire) et rétorque : « Docteur, je veux bien, mais concrètement, on fait comment ? Car, sauf erreur de ma part, un plus un, ça ne fait que deux, ça n'a jamais fait cinq. Mais il est vrai que je suis fatiguée, je peux me tromper. »

Ma fatigue est bien réelle. Deux nuits plus tôt j'ai fait une garde seule car le remplaçant n'est pas venu. Et je savais que je n'aurais aucune relève puisque mon premier patient fut mon collègue. Pour un infarctus. Faire des gardes seul relève du suicide. C'est la mort assurée pour les patients et les praticiens.

Mais cela n'émeut pas l'ARS, qui se transforme alors en magicien des chiffres : « Le flux de patients étant moins important à partir de minuit, un seul médecin doit suffire. C'est gérable. On fera savoir à la population qu'il ne faut pas venir aux Urgences sans avoir appelé au préalable. On fermera la filière courte et on reconvoquera les patients traumato après leur avoir posé une attelle ou un pansement. Et puis vos collègues des étages n'auront qu'à venir vous aider jusqu'à minuit et demi. »

Autant dire qu'au sortir de cette réunion ça râle dans les équipes.

La situation aurait justifié à elle seule que soit organisée une réunion exceptionnelle de la CME, la commission médicale d'établissement. Mais ce ne sera pas nécessaire, un rendez-vous étant déjà programmé dans les jours suivant la rencontre avec l'ARS.

La CME regroupe tous les chefs de service, membres de droit, ainsi que certains praticiens élus. Elle compte parmi ses attributions la gestion interne de l'hôpital. Le président de la commission est parfaitement au fait des problèmes de planning que connaît mon service. Après que j'ai exposé la situation à l'ensemble des personnes présentes, il prend la parole, et notamment pour nous mettre en avant, moi et Anthony, un autre jeune médecin de mon équipe.

« S'ils partent ou s'ils pètent les plombs, s'ils font un *burn-out*, dit-il, c'est l'hôpital qui s'effondre. Pas d'Urgences, c'est l'hôpital qui ferme. »

Un lourd silence s'installe dans la pièce. Chacun sait que le président a raison. Le service des Urgences est la porte d'entrée de l'établissement. Le fermer, c'est condamner l'hôpital dans son ensemble.

Pour ma part, je ne m'attendais pas à ce qu'il aborde le sujet sous un angle aussi dramatique. Il a parfaitement raison, bien sûr, mais être ainsi au centre de l'attention me met mal à l'aise et je me ratatine sur ma chaise.

Lorsque, soudain, un cardiologue se lève.

« OK, lance-t-il. On fera des demi-gardes. »

Dans la foulée, un réanimateur lui emboîte le pas, et avec lui tous ceux et toutes celles qui n'ont pas déjà un planning de garde.

Pour autant, personne n'est dupe. Cette mobilisation permettra tant bien que mal de passer l'été, mais après ?

De fait, chacun y met du sien et, en septembre 2021, les Urgences ont survécu. Mais ç'a été dur, il a fallu faire preuve de résilience. Heureusement, je peux compter sur une équipe de choc. Combien de fois ai-je dû déléguer des charges aux infirmières alors qu'il aurait été préférable que je reste auprès des patients ? De plus, aucun spécialiste venu en renfort n'est prêt à renouveler l'expérience. Non seulement tous ont trouvé les gardes du soir incompatibles avec leur journée de travail, mais beaucoup, malgré leur bonne volonté, se sont sentis démunis face à certains patients. C'est le cas par exemple de ma collègue diabétologue. Lors d'une de ses gardes à mes côtés, un bébé est arrivé en détresse respiratoire dans les bras de ses parents. Comme elle l'a elle-même reconnu, elle n'a pas été en mesure de lui porter secours. C'était au-delà de ses compétences. Tout juste a-t-elle pu rassurer les parents tandis que je m'occupais de leur enfant au déchocage, la salle d'accueil des urgences vitales.

Et alors qu'avec la rentrée toute perspective d'amélioration s'envole, deux jeunes praticiens de mon service jettent l'éponge et le chef du SAMU songe à partir lui aussi, ou tout du moins à renoncer à ses fonctions de direction.

Un immense sentiment de lassitude s'abat sur nous tous.

Et comme si cela ne suffisait pas, on apprend qu'il est question de fermer la chirurgie de l'hôpital de Mayenne, la seconde ville du département, à trente kilomètres de Laval. Ce qui veut dire encore plus de passages dans notre service d'Urgences. Autrement dit, on se noie et on nous appuie sur la tête. Mais, de tout cela, le directeur de l'hôpital et la directrice des affaires médicales n'ont plus la responsabilité, puisque tous les deux quittent l'établissement pour de nouvelles fonctions.

La patate chaude échoit à une nouvelle direction. Et notamment à Sébastien Tréguenard, qui assurera un temps l'intérim avant sa nomination définitive comme directeur en janvier 2022.

Cependant, il est décidé en haut lieu que mon service fera l'objet d'un audit réalisé par le chef des Urgences et du SAMU d'Angers. *Comme s'il suffisait qu'une personne vienne voir comment on travaille pour que tout s'arrange ! Mais pourquoi n'y a-t-on pas pensé plus tôt ?*

Quant à moi, quitte à passer à nouveau pour une Cassandre aux yeux de l'ARS, j'annonce que, côté planning, ça ne va pas le faire du tout pour les mois d'octobre et novembre. Et que ce sera encore pire en décembre.

Mais peut-être la fin du monde arrivera-t-elle d'ici là, ce qui arrangerait tout le monde.

Et nous y voilà. Quinze jours plus tard, début octobre 2021, lorsque le mouvement de grève nationale est décrété par la majorité des syndicats, je n'ai aucun doute : je veux en être.

2

Choisir, c'est renoncer

Ce matin de février, j'arrive aux Urgences à 8 h 30 pour prendre ma garde, et à 8 h 40 je suis appelée en régulation. Cela se produit parfois ; je suis postée aux Urgences et je finis à la régulation. Ce matin-là, ma réaffectation est due au départ de l'équipe médicale pour le transfert d'un homme de quarante ans victime d'un arrêt cardiaque. Il a été récupéré mais son état très instable nécessite un transport à Rennes. De plus, ma collègue de régulation a pris la décision de s'auto-déclencher sur un accouchement imminent à Laval.

OK. Je mets mon casque et *go* ! je prends les appels.

C'est un exercice difficile, la régulation. La partie la plus stressante de mon métier et aussi la moins connue.

Quand vous faites le 15 pour avoir des secours, c'est l'ARM, l'assistant de régulation médicale, qui décroche. Cette personne vous met en attente le temps de parler au médecin puis elle vous le passe – ou pas. S'il estime que ce n'est pas trop grave, le doc peut envoyer des pompiers, des ambulanciers ou juste donner un conseil. Il peut aussi, s'il s'agit d'un accident ou d'un malaise grave, prendre la décision de déclencher un infirmier des sapeurs-pompiers

(ISP), ou la structure mobile d'urgence médicale (SMUR). Depuis peu, il a aussi la possibilité d'envoyer sur place une équipe paramédicale (sans docteur) quand le médecin vient à manquer.

Ça peut vous paraître bizarre, à vous, patients, car on vous dit de faire le 15 et parfois vous voyez arriver des pompiers. Mais si vous faites le 18, les pompiers vous passeront systématiquement à nous, le 15. Toutefois, ils peuvent aussi envoyer une équipe sans attendre notre feu vert. C'est ce qu'on appelle les départs réflexes.

Cela reste malgré tout un fonctionnement assez simple pour un initié.

Non, ce qui est difficile pour nous, médecins, c'est de choisir.

Choisir de donner un conseil ou d'envoyer les secours. Si c'est une ambulance, peut-on s'autoriser un délai ? Faut-il un médecin ou un ISP en plus ?

Choisir d'envoyer un moyen important, c'est aussi prendre le risque qu'il ne soit plus à notre disposition pour une situation plus grave, sachant que, lorsque tout va bien, on dispose de trois équipes médicales sur le département, mais parfois aussi d'une seule, et même pas située au centre. Et lorsque, en plus, le médecin est un remplaçant…

Il faut choisir, et très souvent sous pression. Peser le pour et le contre du juste soin. C'est une question d'expérience, d'intuition. Et pourtant il arrive qu'on se trompe car les patients ne sont jamais comme dans les livres.

Il faut choisir, et choisir, c'est renoncer.

À peine une minute après avoir posé mon casque téléphonique sur les oreilles, j'envoie le SMUR Mayenne sur un arrêt cardiaque d'un monsieur de quatre-vingt-six ans dans la périphérie lavalloise.

Pour l'appel suivant, une douleur thoracique très suspecte d'infarctus, elle aussi en périphérie de Laval, je décide d'envoyer l'ISP de La Baconnière, une commune située à vingt kilomètres de là. En quinze minutes elle sera sur les lieux pour épauler les pompiers. Ça va le faire.

Puis nouvel appel : un bébé de neuf mois fait un malaise avec cyanose et pâleur. Il est tout amorphe. Ses parents, à juste titre, sont en panique. Alors tant pis pour le monsieur de quatre-vingt-six ans en arrêt ; je détourne l'équipe médicale de Mayenne vers le bébé de neuf mois.

Il faut choisir… Et je n'ai pas de troisième équipe médicale sous la main.

Le bébé aura la vie sauve. Quant au vieux monsieur, son arrêt cardiaque lui a été fatal.

Oui, Gide avait raison : *Choisir, c'est renoncer.*

Que l'on dispose ou non des moyens suffisants pour bien faire notre travail, la régulation demeure un poste où l'on côtoie la mort de près. Elle a beau être à l'autre bout du téléphone, elle est là. Et ça fait mal. Pour ma part, je ne parviens pas toujours à tenir à distance les émotions qui m'assaillent. Parfois, je l'avoue, les larmes me montent aux yeux.

Quand j'étais en stage de régulation durant ma Camu, ma capacité de médecine d'urgence, j'avais été impressionnée par le professionnalisme et le détachement d'une ARM, Améline.

Ce jour-là, Améline avait déclenché le SMUR en P0, le niveau d'urgence prioritaire. C'est-à-dire que, sans même l'accord du médecin régulateur, elle avait envoyé une équipe médicale au fin fond de la campagne pour prendre en charge un homme de cinquante ans en arrêt cardiorespiratoire. Ce monsieur avait été retrouvé dans son jardin par sa fille de seize ans qui s'était étonnée du bruit bizarre que faisait la tondeuse. Et pour cause : elle tournait au ralenti car son papa était tombé de l'engin à la suite d'un malaise cardiaque.

La jeune fille, qui avait aussitôt appelé le 15, était maintenant en larmes au téléphone, forcément. Par signes, Améline avait demandé aux autres ARM d'envoyer les pompiers et le SMUR afin de rester en ligne avec la jeune fille. Elle lui avait demandé son prénom – Mélissa – et trouvait à présent les mots justes pour la calmer et lui enseigner en quelques instants les gestes de premier secours.

« Allez, respire, ma grande. On est avec toi. Tu as fait ce qu'il fallait mais là, ton papa a encore besoin de toi jusqu'à l'arrivée des secours. Mets-le sur le dos. Pose tes mains l'une sur l'autre au milieu de sa poitrine avec tes bras tendus et appuie. Je vais compter avec toi.

– J'ai peur de lui faire mal.

– Non, ne t'inquiète pas, Mélissa. Tu ne peux pas lui faire mal. Vas-y, masse. »

À la respiration saccadée de la jeune fille, on pouvait deviner qu'elle massait. Et tout en massant, elle s'adressait à son papa. Elle lui demandait pardon. Pardon d'avoir mis dix minutes à se rendre compte qu'il avait fait un malaise.

« Pardon, Papa. Pardonne-moi. Me laisse pas, Papa. Accroche-toi, je t'aime. J'ai besoin de toi. »

Elle parlait, elle pleurait, elle massait. Tout ça en même temps.

Et tandis que j'étais émue aux larmes d'entendre cette jeune fille s'adresser à son père comme si elle était seule avec lui, ma collègue, elle, faisait du coloriage.

Visiblement pas le moins du monde troublée par la situation, elle suivait un code couleur bien défini et remplissait son calendrier de la semaine suivante : bleu quand elle pourrait aller chercher ses enfants à l'école, vert quand ce serait au papa de le faire, rouge les jours où ils devraient rentrer tout seuls en bus.

Et, ce faisant, elle comptait et encourageait la jeune fille.

« Allez, Mélissa, c'est très bien ce que tu fais, les secours arrivent. Vas-y, continue. Un, deux, trois… »

De son côté, le régulateur vérifiait la place en service de réanimation si jamais on parvenait à récupérer le patient. Quant à moi, avec mon trop-plein d'émotions, je me sentais démunie.

Lorsque les pompiers sont arrivés sur place, Améline a raccroché et on a pris le temps de débriefer toutes les deux.

« C'est horrible comme situation, me dit-elle. Alors pour se protéger, on met une carapace. »

Sa carapace à elle, c'était le coloriage. Ou la liste de courses.

Son sang-froid m'a impressionnée.

Cependant, si aujourd'hui je comprends mieux le comportement très distancié de certains assistants de régulation médicale, je reste persuadée qu'à force on remplit son sac à émotions. Et quand il est plein, ça craque.

Avec l'âge et l'expérience, j'arrive désormais à ravaler mes larmes le temps de la régulation. Mais, une fois ma garde terminée, je lâche tout. Selon mon état de fatigue, soit je pleure, soit je parle.

Et parfois aussi, je m'indigne violemment. Comme en cette matinée du printemps 2022.

Il est 8 h 45, j'attends la relève pour 9 heures. À 10 heures je dois me rendre en réunion pour la certification. La nuit a été chargée et je ne suis pas fâchée d'en voir le bout. Quand l'une des ARM de la salle se tourne vers moi et me dit : « J'ai fait partir en P0 le SMUR pour un jeune garçon de treize ans pendu en arrêt. Je te passe la maman ; il faut que j'appelle les pompiers. »

Là-dessus, elle me transfère l'appel.

« Allô, madame, le médecin du SMUR est parti, ainsi que les pompiers. Je suis le docteur Caroline Brémaud, médecin du SAMU 53. Je vais rester en ligne avec vous jusqu'à l'arrivée des secours. Vous êtes où là, madame ?

– Je suis dans le couloir, me répond-elle, en larmes.

– Est-ce que votre fils est toujours pendu ?

– Non, je viens de réussir à le décrocher.

– Il faudrait le masser, madame.

– Non… Je ne peux pas… Il est froid… Je ne peux pas rester dans la même pièce que lui. »

Elle pleure, elle crie.

Je lui dis que les secours vont vite arriver pour s'occuper de son fils.

Elle se calme un peu et se met à me parler. Elle parle sans s'arrêter. Je n'ai quasiment pas besoin de la relancer et ça m'arrange car les mots manquent dans ces cas-là.

Elle me raconte que le collège a appelé pour dire que son fils était absent. Elle est allée voir au bas des escaliers et, effectivement, son cartable était toujours là. Alors elle est montée et a trouvé son fils pendu dans sa chambre

Elle me raconte aussi que le jeune garçon avait déjà fait une tentative de suicide le mois précédent. Un problème de harcèlement scolaire et d'usage des réseaux sociaux. Depuis le Covid, ça n'allait pas fort.

Il était passé en pédiatrie, avait pris des médicaments.

Il avait vu le pédopsychiatre qui n'avait pas jugé nécessaire de l'hospitaliser car ce n'était pas trop inquiétant. Selon lui, il s'agissait d'un premier épisode mais sans éléments de gravité. Et puis l'environnement familial était attentif. Un suivi en ville devait être suffisant. Ce qu'en mon for intérieur je traduis par : *Les places en pédopsychiatrie sont chères. S'il fallait hospitaliser tous les ados qui font une tentative de suicide, l'hôpital entier n'y suffirait pas…*

Un mois après, le voilà pendu. Mort.

La maman me parle et je l'écoute. Je l'écoute me déposer l'horreur de son chagrin, sa culpabilité de ne rien avoir vu venir. La confiance qu'elle avait dans ce système de santé qui lui disait que ça allait aller – non par conviction, mais par obligation, par manque de moyens.

J'écoute le chagrin de cette maman, sa peine inimaginable, sa blessure éternelle. Je retiens mes larmes pendant treize minutes. Les treize minutes de régulation les plus longues de ma vie de docteur.

Et enfin, à l'autre bout de la ligne, j'entends la sirène du SMUR.

« Les secours arrivent, madame. Je vous laisse avec le médecin. »

Je raccroche. Ma garde est finie.

En quittant la salle de régulation, je croise la cadre sup de pôle, Sylvie, que je connais bien. Elle me demande si ça va. *Non, ça ne va pas.* Je fonds en larmes et j'explose de colère.

Et, sincèrement, il y a de quoi. Quelques semaines auparavant j'avais assisté à la réunion annuelle de l'ORU, l'Observatoire régional des Urgences, organisée par l'ARS. Le sujet était le nombre de passages aux Urgences en Pays de la Loire.

On avait eu droit à un petit focus sur l'augmentation des passages en pédiatrie des enfants pour motifs psychiatriques, avec notamment une augmentation du passage à l'acte surtout chez les 11-13 ans.

Un beau schéma, de belles statistiques. Et après ?

J'ai demandé : « Et on fait quoi ?

– Euh… Pour l'instant on constate. »

Et aujourd'hui, la constatation ? Pendant treize minutes, j'ai écouté les larmes d'une maman qui a retrouvé son fils pendu. Alors, non, ça ne va pas. Non ça ne peut pas aller.

C'est quoi, ce pays de merde ? C'est quoi, ce pays où on laisse mourir nos enfants ?

Je laisse Sylvie, compatissante et un peu déconcertée par mon flot de larmes et de colère, et vais m'aérer, me changer, pour ensuite revenir prendre mon petit déjeuner.

Pas de douche, pas le temps. Entre se laver et manger, j'ai choisi : manger.

Puis je monte au douzième étage pour la réunion.

En chemin, je croise le directeur.

« Carolinc, ça va ?

– Non, ça ne va pas. Je viens de finir ma garde et le dernier appel que j'ai décroché, c'est une maman qui a retrouvé son fils de treize ans pendu dans sa chambre. Non, ça ne va pas. Il était venu aux Urgences pédiatriques. Pas de place pour les ados suicidaires. Le gamin a tenu un mois. Et ce matin à 8 h 45, il est mort. »

Je pleure devant le directeur

Il est horrifié par mon récit. Il se prend en pleine face la réalité des statistiques.

Voilà, les stats de l'ORU, dans la vraie vie, ça fait ça. Ça fait mal, hein ?

Moi j'ai mal ; je pleure.

J'essuie mon visage, j'avale une gorgée de thé et je rentre en salle de réunion.

The show must go on.

3

Léandre

Nous sommes le 18 novembre 2011. Un vendredi. Léandre, mon bébé, mon bonheur, ma raison de vivre, aura six mois le lendemain. Après un accouchement chaotique qui a duré soixante-douze heures, il a fini par arriver, et en pleine forme. Moi, pareil, en pleine forme, ou presque.

Ce matin, pour la cinquième fois depuis sa naissance, je dois aller travailler et le laisser chez la nourrice. Même si mon travail me plaît, c'est pour moi un déchirement. Sur les quatre premiers jours, deux se sont bien passés mais lors des deux autres il a beaucoup pleuré. En plus, je l'allaite. Je dois donc tirer mon lait et je vois bien qu'il n'apprécie pas le biberon. Mais bon, c'est la vie… On doit bien laisser les mamans retourner au travail.

Sacrée question, le travail.

« Maman, pourquoi tu m'as laissé là-bas, ce jour-là ? » m'a demandé Léandre lorsqu'il avait huit ans. Je m'en souviens comme si c'était hier. C'était le jour de Pâques, nous étions dans la chambre à La Petite Lande, la maison de campagne de la famille de son papa. Je lui ai répondu que les mamans doivent travailler.

« Mais pourquoi ton travail, ce n'est pas de me garder, comme la dame ?

– Parce que moi, mon travail, c'est de soigner les gens, et parfois même de sauver des vies. »

Comment ai-je pu lui faire une telle réponse, alors même qu'il a failli perdre la sienne, ce vendredi 18 novembre ? Pourtant, en ravalant mes larmes, c'est ce que j'ai répondu. Parce que c'est la vérité. Parce que c'est mon choix de vie et que rien ni personne, pas même cette dame – surtout pas cette dame –, ne peut entraver ce choix.

Cette dame, c'est la nourrice. Une nourrice que j'ai choisie seule sur une liste fournie par la PMI, la Protection maternelle et infantile. Elle n'habitait pas loin, faisait valoir une certaine expérience et avait, qui plus est, le bon goût d'être veuve. Pour moi qui vois le mal dans le mâle, c'était un sérieux atout.

Pour autant, même s'il m'avait semblé qu'elle faisait le job, elle n'était pas mon premier choix. Celle qui avait ma préférence m'avait lâchée. Quant à la suivante sur ma liste, j'avais perdu son numéro le jour de l'accouchement. Bref, ça devait être elle.

Ce matin-là, Léandre s'est réveillé avant moi et s'est mis à pleurer. J'ai pensé qu'une petite dent devait le chatouiller. Je lui ai donné le sein, puis je me suis préparée. J'ai choisi une robe bleu ardoise et une paire de bottes marron à talons. Si je m'en souviens aussi bien, c'est que jamais plus je ne les porterai. Après quoi, j'ai changé Léandre, l'ai vêtu d'un pyjama beige avec des rayures. Dans son sac à langer, j'ai prévu de jolis vêtements colorés qu'il découvrira plus tard dans la matinée, puisqu'il est du genre à dormir en arrivant chez la nourrice.

J'ai aussi mis dans ce sac un petit pot de purée que j'ai préparée moi-même. On a commencé il y a deux jours. On découvre les carottes et la courgette, mais visiblement ce n'est pas la grande passion. Rien ne vaut le lait de maman, surtout tété directement au sein.

Allez, en route.

Je le dépose chez la nourrice et lui fais un petit bisou. Juste un, pour ne pas lui transmettre ma peine de devoir le laisser. On aime bien culpabiliser les mères, leur mettre la pression en leur rappelant que les enfants ressentent tout : les mamans, soyez heureuses et zen, et votre bébé sera heureux et zen !

Je prends la direction de Saint-Pierre-la-Cour, à vingt-cinq minutes de Laval, où je me rends au cabinet médical de la commune. Durant les trois ans du cursus en médecine générale, chaque interne doit faire un à deux stages d'une durée totale de six mois chez des médecins de ville. Ces praticiens fonctionnent en trinôme et l'interne passe une journée par semaine chez chacun d'entre eux, ce qui permet de découvrir différentes façons d'exercer. Les deux autres jours de la semaine sont consacrés aux cours et à la préparation de la thèse. Il s'agit encore pour moi d'un stage d'observation, alors j'observe. Je suis attentive, studieuse, bonne élève, comme toujours lors des stages. À l'écoute de ma praticienne référente, à l'écoute des patients et de leurs demandes. Les demandes évidentes comme les sous-entendues. Je me concentre pour décrypter les non-dits.

Et soudain je suis prise d'angoisse. Envahie par un sentiment de terreur. C'est la panique. Pour me rassurer, je veux regarder mon téléphone, mais je ne l'ai pas sur moi. J'attends avec fébrilité la fin de la consultation et me précipite à l'étage pour le récupérer. Ouf ! pas d'appel en absence. Tout va bien. Mais cette fois, je le garde avec moi.

Rassurée, je peux me concentrer à nouveau. Le patient suivant entre et s'installe. Et tandis qu'il explique ce qui l'amène, j'entends vibrer mon téléphone. Furtivement, je jette un coup d'œil sur l'écran : *Nounou portable.* Je m'en saisis les mains tremblantes et sors précipitamment du bureau.

« Allô ?

– Oui, c'est moi. Léandre, là, ça ne va pas du tout. Les pompiers viennent d'arriver, il a fait un malaise.

– Est-ce qu'il respire ?

– Je vous passe le pompier, il veut vous parler.

– Madame, on prend en charge votre bébé à notre arrivée. Il est inconscient, il respire mais difficilement. Mes deux collègues le ventilent avec de l'oxygène. A-t-il des problèmes de santé particuliers ?

– Non, il va bien. Mais il y a dix jours il a été hospitalisé pour une pyélonéphrite pendant quatre jours pour avoir les antibiotiques par voie veineuse. Et ce matin il a pleuré en se réveillant.

– Madame, je dois vous laisser, le SMUR arrive. Je raccroche. Venez au plus vite. »

Je ne veux pas y croire.

Je fais le récit de l'appel à ma praticienne et nous arrivons à la conclusion (et je m'en excuse d'avance auprès de mes collègues pompiers) qu'*inconscient*, dans la bouche d'un pompier, ça ne veut pas dire la même chose que pour nous, docteurs.

On préfère se dire que Léandre a fait un malaise, un spasme. La nounou a eu peur, les pompiers aussi. Étant donné qu'il a pleuré le matin même, il fait peut-être une invagination intestinale. Voilà. À distance, nous sommes parvenues toutes les deux à un diagnostic concevable.

Je vais aller rejoindre mon fils et m'assurer par moi-même que tout va bien. Tout va vite rentrer dans l'ordre. Il aura sûrement droit à une nouvelle petite hospitalisation, mais ça va aller.

Je prends la route avec précaution car, je dois l'avouer, je ne suis absolument pas convaincue par cette histoire d'invagination. Mon fils a besoin de moi, ce n'est pas le moment d'avoir un accident.

En arrivant au bout du boulevard qui traverse Saint-Berthevin, à l'entrée de Laval, j'appelle la nourrice pour savoir si je dois me rendre chez elle ou directement à l'hôpital. Derrière elle, j'entends le médecin lui répondre qu'ils s'apprêtent à partir et que l'on se retrouve aux Urgences. Je crois avoir entendu le mot *déchocage*, mais je n'en suis pas sûre.

J'arrive aux Urgences, en bas, là où on prend en charge les adultes et les enfants avec des petits bobos, mais aussi parfois les enfants très graves.

Je m'annonce.

« Bonjour, mon fils va arriver avec le SMUR.

– Ah oui, c'est vous la maman de Léandre. »

Sur le moment, je suis surprise. Je n'étais alors pas très

au fait de la procédure et ne savais pas que le SAMU, à l'issue du premier bilan, envoie systématiquement par fax une fiche à l'infirmière d'accueil et d'orientation. Cette feuille d'intervention donne quelques informations, dont le nom et l'âge du patient et l'état dans lequel il se trouve. En l'occurrence : *R. Léandre, 6 mois, inconscient, intubé, ventilé. Arrive avec le SMUR Laval. Accueil au déchocage.* Dans un cas comme celui-ci, un petit coup de fil accompagne la fiche.

« Mais on se connaît, non ? ajoute l'infirmière.

– Oui, je suis interne ici. Enfin, en ce moment chez le *prat*. Mais, l'an dernier, j'étais en gériatrie. Je n'ai pas fait de garde parce que j'étais enceinte mais je suis passée quelquefois aux Urgences.

– Viens avec moi. Je vais te mettre dans le bureau de la cadre, au calme. Tu devrais peut-être appeler tes co-internes pour ne pas rester toute seule. Appelle les internes de pédiatrie, comme ça ils seront déjà là quand Léandre arrivera. »

Aujourd'hui, cette infirmière, qui se prénomme Sophie et porte invariablement un petit foulard autour du cou, travaille toujours aux Urgences. Elle a mis des années avant de me rappeler que c'était elle qui était à l'accueil ce jour-là. Elle n'est pas la seule ; beaucoup ont attendu avant de me révéler qu'ils étaient présents ce 18 novembre.

Comme elle me laisse dans le bureau qui donne sur l'entrée des Urgences, j'appelle ma collègue Félicité.

« Allô, c'est Caro. Léandre arrive avec le SMUR. Je ne sais pas, je crois que c'est grave. Viens vite, s'il te plaît. »

Félicité arrive avec Anthony, lui aussi interne à l'époque. Avec eux se trouve le docteur Berlin, le pédiatre qui s'est occupé de Léandre pour sa pyélonéphrite. On a à peine le temps d'échanger quelques mots que le véhicule du SMUR se gare devant le sas. Les portes du VSAV, véhicule de secours et d'assistance aux victimes, s'ouvrent et un brancard en sort.

J'ai du mal à croire ce que je vois. Ça ne peut pas être mon petit Léandre, sur ce brancard. Ce n'est pas possible. Il y a des fils et des tubes dans tous les sens, du matériel, des appareils lourds et bruyants. Le respirateur, la bouteille d'oxygène, le scope avec son écran multicolore, les pousse-seringues. Au milieu de tout cet appareillage, mon bébé semble si petit. Ça fait des bips dans tous les sens, il y a plein de monde autour de lui. Comment est-il possible que trois pompiers et trois personnes du SMUR s'affairent avec tant d'empressement autour d'un petit être de six mois et huit kilos ? Autour de mon bébé.

Je suis tétanisée. Je crois que c'est précisément ça qu'on appelle la sidération.

Une jolie jeune femme avec SAMU écrit dans le dos s'occupe de lui avec beaucoup de précaution. Elle lève les yeux vers moi.

À partir de cet instant, elle deviendra mon phare, ma boussole, ma lumière dans l'obscurité que la peur a répandue autour de moi. Oui, *sidération* est bien le mot qui convient.

« Vous savez, vous pouvez le toucher », me dit-elle.

Je m'approche. Je ne sais pas combien de fils ni combien de tubes sortent de son petit corps.

C'est mon bébé ? Mais non, non, je crois qu'il y a erreur. Le mien, il sourit, il a les yeux ouverts, il tend les bras dans ma direction dès qu'il me voit et gigote de ses petites jambes potelées.

Là, devant moi, j'ai un corps dont je commence à douter qu'il soit humain tant il y a d'éléments connectés à lui. Ça ne peut pas être mon bébé, ce n'est pas possible…

Entre la sortie de l'ambulance et l'arrivée en salle de déchocage, je n'ai plus aucun souvenir. Si je ne connaissais pas les lieux par cœur, je serais tentée d'affirmer que le sas donne directement sur la salle de déchocage. Pourtant, entre les deux, il faut emprunter un long couloir. Encore un effet de la sidération.

Léandre arrive dans la place. Commence alors le ballet des soignants.

Agitation silencieuse. Seule résonne la voix du docteur Berlin.

« Je veux un bilan sang complet, et des urines. Faites attention à l'étiquetage, je ne veux pas d'erreur d'identité. Si c'est une maladie métabolique, les premières urines sont notre seule chance de faire le diagnostic. Ne la gâchez pas. »

Cette phrase, *les premières urines sont notre seule chance de faire le diagnostic*, je l'ai déjà entendue lorsque j'étais externe au CHU de Tours, en stage en neurologie. On avait pris en charge un bébé qui faisait des malaises hypoglycémiques graves et profonds. Il convulsait et on ne comprenait pas ce qu'il avait. On avait bien failli le perdre. Alors, entendre ces mêmes mots prononcés par le docteur Berlin à propos de mon fils…

Ces mots sont restés gravés dans ma tête. Aujourd'hui, c'est moi qui insiste sur ce point pratiquement chaque fois que nous prenons en charge un bébé qui fait un malaise. Mes collègues m'entendent souvent les dire. J'ai même fait ajouter une poche à urine dans le sac d'intervention du SMUR.

Le réa arrive à son tour. J'entends qu'on demande un scanner.

On m'a posée sur une chaise, un peu à l'écart dans le déchoc. Je ne dis rien. Je les regarde et je ne comprends pas ce que je vis. Je crois que je pleure, en tout cas mes joues sont mouillées.

Léandre quitte la pièce accompagné de ma boussole. « On va au scanner et on revient. »

À ce moment-là, je n'ai pas encore compris qu'il ne s'agit pas du médecin. Non, elle, c'est l'infirmière anesthésiste, l'IADE. C'est elle qui a intubé Léandre. Mais ça aussi je l'apprendrai bien plus tard.

Arrive alors un homme avec un blouson du SAMU. Il s'agit du docteur Issa Diallo. Je le connais ; je lui souris. Il me dit bonjour et va discuter avec l'autre homme du SAMU, pas très grand, cheveux poivre et sel, qui lui s'appelle Bertrand.

Ils échangent quelques détails.

« Vous avez roulé vite, non ? demande Issa.

– Ouais, 130 sur le boulevard, lui répond Bertrand. T'as bien fait de nous faire faire demi-tour.

– Bon, l'autre dame… Voilà. »

Voilà, ça veut dire que la dame est décédée.

Le SMUR était parti pour une dame âgée retrouvée

en arrêt à son domicile. Il s'agissait de la grand-mère d'une IDE (infirmière diplômée d'État) des Urgences. Une équipe ; deux urgences vitales. Il fallait faire un choix. Ils ont choisi mon fils.

« Il était Glasgow 3 à notre arrivée », ajoute Bertrand.

Et là, la lumière s'allume dans ma tête. Glasgow 3 ? Mais alors, ça veut dire qu'il est dans le coma ?

Oui, Caroline Brémaud. Tu as fait sept ans de médecine. Glasgow 3, c'est le coma le plus profond qui existe. Et puis il est intubé. Tu croyais quoi ? Que c'était pour faire semblant ?

Je réalise soudain que c'est vraiment grave.

Antho et Félicité m'entourent. Le papa, interne lui aussi, mais à l'hôpital de Mayenne, arrive à son tour. Enfin ! J'ai eu un mal fou à le joindre, lui qui se refuse à acheter un portable.

Lorsque Léandre revient du scanner, je sens que le climat a changé. Le docteur Berlin vient me voir et daigne enfin m'adresser la parole.

« Qu'est-ce qui s'est passé exactement, Caroline ?

– Il dormait et la nounou s'est inquiétée qu'il ne se réveille pas. Alors elle est allée le voir et a trouvé qu'il respirait bizarrement. Quand elle l'a pris dans ses bras, il ne s'est pas réveillé.

– Ah, d'accord. Tu n'étais donc pas avec lui ?

– Non.

– OK », dit-il. Et il s'en va.

Le médecin du SAMU que je connais, Issa Diallo, vient me trouver à son tour et m'apprend qu'il y a du sang au scanner.

Douche froide.

Comment ça, du sang ? Du sang comment ? Beaucoup ? Pourquoi ça saigne ? Il a fait un AVC et il a convulsé ? Mais pourquoi ?

Puis c'est le réa qui s'approche de moi. Mais, dès que je lui dis que je n'étais pas avec mon fils lorsque c'est arrivé, il tourne les talons et s'en va.

C'est trop. J'ai besoin d'air, j'ai besoin de m'extraire de cette pièce, de m'isoler.

Je sors et vais m'asseoir sur le bord d'un trottoir, sur le parking d'en face. Il fait beau.

La nounou m'a envoyé un texto pour demander des nouvelles. Je lui donne le résultat du scanner. Puis je prends une grande respiration et décide d'appeler mes parents. Je ne peux pas leur cacher ça, c'est impossible. Par habitude, je tape le numéro, alors qu'il est enregistré dans mon téléphone. C'est mon père qui décroche. Rien qu'au son de ma voix, il devine que quelque chose cloche.

« Ma chérie, ça ne va pas ?

– Non, ça ne va pas du tout, Papa. Mais alors pas du tout. C'est Léandre, Papa, il a fait un malaise, il y a du sang dans sa tête, il est intubé, on ne sait pas ce qu'il a…

– Putain ! Mais comment je vais annoncer ça à ta mère, moi ?

– Je ne sais pas, Papa, mais je suis contente que ce soit toi qui aies décroché. »

On échange quelques mots, puis je raccroche.

J'ai l'impression que tout s'embrouille dans ma tête. Je ne veux pas faire ce que je suis en train de faire, mais je le fais quand même. Je suis médecin. Au plus profond de moi, je suis médecin. Alors je réfléchis comme un médecin : je rassemble des syndromes, je formule des hypothèses diagnostiques. Une fois, deux fois, trois fois… *Non, Caro, ne fais pas ça, tu te fais du mal.* Je sais que j'ai raison. Je suis médecin et je suis sa mère.

Je vais trouver Félicité et lui dis : « Félicité, elle lui a fait du mal. »

Je la vois qui pâlit.

« J'ai tourné ça dans ma tête dans tous les sens, il n'y a pas d'autre explication, Félicité. Rien ne colle. Elle lui a fait du mal.

– Viens, me dit-elle, on va le dire à Issa. »

Telles deux écolières qui vont rapporter à leur instituteur, on va trouver Issa Diallo et je lui expose ma théorie quant à l'hypothèse de maltraitance de la nourrice envers mon fils.

Il se tait. Puis il me répond que c'est une hypothèse, en effet, avant d'ajouter :

« Mais c'est un diagnostic d'élimination, on ne peut pas se permettre de louper quelque chose d'autre. »

De retour au déchocage, je fais part de ma réflexion au papa. Lui n'y croit pas. Du coup, entre sa réaction et celle mitigée du docteur Diallo, je commence moi-même à douter. Peut-être y a-t-il une autre explication, après tout. Sans doute ne suis-je pas dans les meilleures conditions pour appréhender correctement la situation.

Et me voici à nouveau perdue avec mon bébé plein de fils, relié à des machines qui bipent froidement à intervalles réguliers. Heureusement, ma boussole ne tarde pas à me rejoindre. Elle ne me parle pas, mais m'adresse un sourire et me touche le bras. Ça va mieux si elle sourit, ça veut dire que ça va aller. Je l'aime bien, elle me donne du courage. Pourtant elle est émue, je le vois.

Le docteur Berlin nous apprend que le CHU d'Angers va venir chercher Léandre, qu'il va partir en réanimation. Puis c'est au tour de Bertrand, le médecin du SAMU aux cheveux poivre et sel, de nous donner d'autres informations : « C'est l'HéliSMUR pédiatrique du 44 qui vient le chercher. Il ira en réanimation pédiatrique. »

Lorsque l'hélico arrive, je demande à la docteure qui va l'accompagner si je peux monter avec lui. Très gentiment, elle me dit d'aller plutôt lui chercher un sac avec des affaires et son doudou, et de prendre la route tranquillement. « On se rejoint à Angers, bâtiment Robert-Debré. »

Et voilà. Mon bébé s'en va. Il s'envole et j'ai peur qu'il se sente abandonné encore une fois par sa maman. Mais il est dans le coma…

Avant de prendre la route pour Angers, à un peu plus d'une heure de Laval, le papa et moi passons chez la nourrice récupérer la poussette, le doudou de Léandre et le sac à langer. Ainsi qu'une information.

« Je suis désolée, nous dit la nourrice, mais je voulais vous dire que, quand j'ai appelé les pompiers, j'avais Léandre dans les bras et, dans la panique, il a glissé un peu et sa tête a cogné contre la table.

– De toute façon, lui dis-je, à ce moment-là, il était déjà dans le coma.

– Ah bon, vous croyez ?

– Oui, j'en suis sûre, c'était déjà grave avant que sa tête cogne la table. »

Il est 16 h 30. Sans même passer à la maison chercher des affaires, nous quittons Laval pour le CHU d'Angers.

À notre arrivée, on nous fait attendre dans une petite salle, la salle d'attente des familles. On ne peut pas voir Léandre tout de suite. C'est long…

Et, lorsque Karim arrive, je m'effondre.

Karim est depuis quelques jours interne au Mans, mais avant mon accouchement nous avons passé un an ensemble à l'hôpital de Laval. C'est l'un de mes meilleurs amis. Sitôt prévenu, il n'a pas hésité à sauter dans sa voiture pour être auprès de moi. Même depuis l'autre bout de la France, il serait venu. Avec lui, je peux me laisser aller au chagrin. Je sais qu'il est capable de le supporter, ce que ne peut pas faire le papa, qui éprouve la même douleur que moi. Ce que ne pouvait pas faire Félicité qui, elle, était dans l'urgence. Pour la première fois, j'ai avec moi quelqu'un avec qui je peux lâcher. Donc je lâche.

Une délégation de médecins entre alors dans la salle d'attente. Il y a là deux réanimateurs, deux neurochirurgiens, la cadre du service et peut-être un ou deux internes. Cette soudaine affluence me surprend. Ils veulent des explications, comprendre ce qui s'est passé, mais avec le papa on ne sait pas trop quoi leur dire, sinon à nouveau que nous n'étions pas présents quand c'est arrivé et que, lorsque nous sommes passés récupérer ses affaires chez la nourrice, celle-ci nous a dit qu'elle avait malencontreusement cogné la tête de notre fils contre une table en appelant les pompiers.

Les médecins se regardent puis se tournent vers nous : « Ça ne correspond pas à des lésions de deux côtés du cerveau, nous disent-ils. Celles-ci ne correspondent pas à un choc.

– Ça correspond à quoi alors ?

– On ne sait pas. »

Avec le recul, je sais que, contrairement à ce qu'ils prétendaient, ils *savaient.* Je sais aussi que, s'ils sont tous venus dans cette petite salle, c'est pour voir la même chose au même moment : la réaction des parents quand on leur apprend qu'il ne s'agit pas d'un choc. Je n'en ai alors nullement conscience, et ce d'autant moins qu'après la réaction du papa j'ai abandonné l'idée d'une quelconque maltraitance, mais, à partir de ce moment-là, nous sommes suspects.

Lorsque enfin il nous est possible d'aller voir Léandre, on le découvre au milieu de son petit lit, tout nu. Un respirateur et pas moins de quatorze pousse-seringues – deux colonnes de sept – le retiennent à la vie. Dans mon imaginaire de maman traumatisée, ces deux colonnes forment une arche. Vision cauchemardesque.

Mon bébé, Maman est là. Je t'aime.

À 21 heures, il est temps de quitter l'hôpital ; on nous demande de partir. Ce qui me met hors de moi.

« Comment ça, je ne peux pas rester dormir avec mon bébé ? Je suis sa maman, vous ne pouvez pas me demander de partir parce qu'il est 21 heures ! »

Vous êtes si inhumains que ça ? Je vous déteste !

Le réanimateur et l'un des internes tentent de me faire entendre raison.

« Madame, me dit l'interne, l'hospitalisation va très certainement durer longtemps. Pour l'instant, on ne peut rien vous dire parce qu'on ne sait pas. Mais il faut dormir et prendre soin de vous. »

Et le réanimateur d'ajouter : « Ce serait bien aussi de tirer votre lait. Avec le choc émotionnel, vous allez sûrement perdre votre montée de lait. Pour éviter cela, le mieux, c'est d'être en forme. Et donc de dormir. »

Ces mots sont d'une parfaite indélicatesse, voire violents. Mais il a raison, je le sais. Mon bébé a besoin de moi. Il faut que je dorme ? OK, je vais dormir. Boire, manger et dormir. Je me répète ces trois mots en boucle. Et dans les jours qui suivent, ils deviendront un mantra. *Boire, manger, dormir.*

Je recommencerai à tirer mon lait le lendemain. Pour l'instant, je n'en ai pas la force, je suis épuisée.

Antho, mon collègue interne, nous a proposé de dormir chez lui et sa copine Fanny. Leur appartement est à deux pas du CHU, ce qui nous évite de passer la nuit dans la Maison des parents. Fanny a préparé à manger. Après le repas, elle me prête une culotte propre et je vais me coucher. Bizarrement, je m'endors assez vite.

Le lendemain à 6 heures, je me réveille perdue dans un lit que je ne connais pas. *Ah, chouette ! Ça veut dire que j'étais juste en train de cauchemarder.* Et puis tout se remet en place dans ma tête. En glissant ma main sous l'oreiller, je sens le papier sur lequel j'ai noté le numéro de la réa. Je peux appeler jour et nuit. Alors j'appelle. La nuit s'est bien passée, me dit-on, Léandre n'a pas eu d'agitation. Il a un ECBU qui pousse (ce qui, dans notre jargon, veut dire qu'une bactérie se développe dans les urines), sa tension est un peu basse mais ça va.

Je réveille le papa.

Nous qui n'avons pas beaucoup échangé jusque-là, on parle. On se dit que ça va peut-être aller. Notre petit garçon a dû faire un choc septique à point de départ urinaire, et puis, avec le coup sur la table, il a un peu de sang dans la tête, ça semble logique. L'aréopage de médecins a beau nous avoir expliqué la veille que ça ne pouvait pas être ça, c'est comme si on avait rayé cet épisode de notre mémoire. En lieu et place, on lui préfère cette explication rationnelle. Je me sens rassérénée. On va s'en sortir. D'ici quelques jours, ce ne sera plus qu'un mauvais souvenir.

Lorsqu'on arrive dans le service, Léandre est en soins et on ne peut pas le voir pour le moment. Soudain, la porte s'ouvre et une dame sort de la chambre en poussant un charriot avec un appareil que je ne connais pas. Elle nous regarde à peine et baisse les yeux sans nous saluer.

La médecin que nous avons rencontrée la veille arrive à son tour et nous invite dans son bureau où, nous dit-elle, ses collègues doivent nous rejoindre. Une fois installés, elle nous demande ce que l'on sait de la situation. Nous ne pouvons que répéter ce que nous avons dit la veille à plusieurs reprises. Et encore toute à mon optimisme, j'ajoute que j'ai appris que Léandre a une infection urinaire et qu'il devrait vite aller mieux grâce aux antibiotiques.

Moi qui m'attendais à un sourire et un *oui, madame*, j'en suis pour mes frais.

« Qui vous a dit ça ? me demande-t-elle, visiblement agacée.

– L'IDE de nuit.

– Alors, oui, il y a un germe dans les urines, mais là n'est pas le problème. La dame qui vient de sortir de sa chambre est ophtalmologue. Elle lui a fait un fond de l'œil. Il y a du sang. »

Mon énergie vitale me quitte sur-le-champ.

Je comprends. Un fond de l'œil, du sang : c'est pathognomonique. Ce qui signifie qu'à lui seul cet élément permet d'établir un diagnostic certain. Le doute n'est plus possible. J'ai envie de hurler, de partir. J'ai envie de tout sauf de continuer à l'écouter. Je sais ce qu'elle va dire et je n'ai pas envie de l'entendre.

Et pourtant, elle enfonce le clou.

« Léandre a été secoué. C'est un bébé secoué. L'IRM montre des lésions d'âges identiques. Il a été secoué une seule fois mais violemment. Il a donc été secoué par la personne qui était avec lui au moment des faits. »

Ma gorge se serre. Je pleure.

Je m'entends dire : *Je vais la tuer.*

« Ne faites pas de bêtise, ce serait de la préméditation, vous risqueriez de prendre plus qu'elle », me dit la médecin.

Mes seins dégorgent. Entre le lait et mes larmes, je suis inondée de partout.

« Mais sinon, bredouillé-je, comment va Léandre ?

– On ne peut rien dire. »

Moi qui croyais qu'hier était le pire jour de ma vie… En fait, non, c'est aujourd'hui.

Le lendemain, Léandre est en état de mal épileptique. Il ne faut pas le toucher pour ne surtout pas le stimuler. En plus de tous les fils des jours précédents, une dizaine sont à présent collés à son petit crâne et le relient à une machine qui présente des tracés loin d'être ceux d'un enfant qui va bien.

C'en est trop pour le papa qui s'en va et ne reviendra que le lendemain.

Je reste avec mon bébé. Mon ami Karim me rejoint. En principe, seuls les parents peuvent être présents, mais Karim est interne, alors ça passe.

Je ne vois pas comment ma mère, qui viendra avec mon père à Angers tous les deux jours, pourrait supporter de voir son petit-fils dans un tel état. Je crois que seule une mère peut endurer une chose pareille.

Aujourd'hui est encore pire qu'hier.

Comment son petit cerveau va-t-il pouvoir résister à un tel tonnerre ? C'est l'orage dans sa tête. De plus, il a une défaillance cardiaque et son corps est bouffi d'œdèmes. Il ressemble à un petit Bouddha.

Et pourtant, Léandre résiste à l'orage.

Arrive le lundi. RAS. Ce n'est ni mieux ni moins bien. C'est presque une bonne nouvelle. Le lendemain, ça va un tout petit peu mieux. Certes, ce n'est qu'un tout petit peu, mais c'est un pas dans la bonne direction. Alors c'est une bonne journée.

Ce soir-là, on ira au cinéma. *Intouchable* bat des records d'audience dans les salles. J'ai ri et j'ai pleuré.

Durant la semaine, ça progresse ; mon bébé va chaque jour un peu mieux. Il a même droit à mon lait. Un millilitre toutes les heures, vingt-quatre heures par jour. Moi j'arrive chaque matin avec mes quatre biberons de 250 ml. Quel est l'idiot qui a dit que les émotions allaient couper ma lactation ? C'est mal me connaître. Moi, messieurs-dames, je suis la maman de Léandre, et mon fils a besoin de moi. Alors je mange, je bois, je dors, et je tire un litre de lait par jour ! Je suis une guerrière et j'ai engendré un guerrier ! Le petit Bouddha que vous voyez là est le petit Bouddha le plus costaud que je connaisse. Il se bat pour vivre, et il vit. Je suis si fière de lui.

Petit à petit, on diminue la sédation qui le maintient dans le coma artificiel. Il commence à bouger, la fréquence cardiaque remonte, la tension également, ce qui veut dire qu'il est douloureux sur son tube. Les signaux passent au vert et, les tests s'avérant positifs, il est prévu qu'il soit extubé le vendredi suivant. Pour la première fois depuis une semaine, je vais enfin pouvoir le prendre dans mes bras.

En revanche, j'apprends que la police cherche à me joindre et qu'elle souhaite m'auditionner précisément ce vendredi. Ce qui est pour moi inenvisageable. Malgré leurs réticences, je tiens bon.

« Non, leur dis-je au téléphone, il est hors de question que je vienne à Laval le jour où mon bébé sera extubé. Ça fait une semaine que je ne l'ai pas tenu dans mes bras. Si vous voulez me voir, vous savez où me trouver. »

Je suis d'autant plus déterminée que je sais que la nourrice a été mise en garde à vue et que la médecin a été interrogée. Ils n'ont aucune raison de me suspecter de quoi que ce soit. S'ils veulent m'entendre, ce que je comprends, à eux de se déplacer.

Et c'est ce qu'ils font ; ils viennent m'interroger à l'hôpital.

On nous installe dans une pièce réservée, et les questions fusent. Je serais suspectée d'avoir maltraité mon enfant qu'ils ne s'y prendraient pas autrement.

« Comment avez-vous rencontré votre mari ? » « Pourquoi êtes-vous tombée enceinte si vite après le mariage ? » « Pourquoi allaitez-vous ? » « Pourquoi avez-vous pris un si long congé ? » « Ah, tiens, on voit dans le carnet de santé que vous n'avez pas fait les vaccins vous-même... » « Pourquoi avez-vous commencé à diversifier son alimentation deux jours avant ses six mois ? » « Et la nourrice, vous l'avez choisie comment ? »

Pourquoi ? Pourquoi ? Pourquoi ? L'enfer.

Au bout de deux heures d'interrogatoire, je me sens humiliée, vidée. Je ne comprends absolument pas ce qui me vaut de subir tout ça.

« C'est la procédure, madame. »

Vous savez ce que je pense, moi, de la procédure ?...

Plus tard, j'apprendrai qu'ils se devaient d'être scrupuleux afin que tout soit carré, qu'à aucun moment il puisse leur être reproché d'avoir été influencés par le fait que le papa et la maman sont internes en médecine. Mais, sur le moment, je ne sais rien de tout ça. Moi, tout ce qui m'importe, c'est de voir mon fils.

Sitôt l'interrogatoire terminé, je retourne au plus vite dans le service.

Et mon bébé est là. Il respire tout seul, il a les yeux ouverts. Je pleure de joie. Ça y est, le cauchemar est fini. Il est vivant. Il respire.

Je le prends dans mes bras.

Et là… douche froide. Je comprends.

Comment ai-je pu être si naïve ? Comment ai-je pu croire que tout allait basculer comme ça, en un claquement de doigts, de l'ombre à la lumière, du cauchemar à l'émerveillement ? Aveuglée par mon euphorie, je m'étais imaginé, je ne sais pas… que tout serait oublié, balayé. Que d'un coup de baguette magique nous reprendrions le cours de notre vie là où nous l'avions laissé une semaine plus tôt. Que cette vilaine parenthèse allait se refermer. Mais, encore une fois, la réalité de la vie s'abat sur moi. Froide, implacable.

Oui, je reconnais le visage de mon bébé, je reconnais ses yeux, son nez, sa bouche. Mais le petit être que je tiens contre moi n'est plus le même enfant. Il ne se passe rien, son regard est vide. *C'est quoi ? Quel est ce bébé que vous m'avez rendu ?* Il ne sait plus tenir sa tête, il est tout mou. Lorsque je tente de le mettre au sein, il ne sait plus comment faire.

Caro, c'est comme s'il venait de naître, il faut l'aider.

Alors je prends sur moi, je ravale mes larmes, j'ouvre sa bouche et je l'aide à trouver le téton. Comme la première fois.

Et, comme la première fois, la magie opère. Il tète. C'est notre tétée d'accueil. La seconde.

Ce vendredi 25 novembre, mon fils naît pour la seconde fois de sa vie.

D'avoir tant tiré mon lait, mes seins sont douloureux. Mais, cette fois, c'est mon fils qui s'y accroche, alors cette douleur, je la chéris. J'en perds toute notion de temps, au point que Léandre boit tellement qu'il régurgite.

« Madame, il ne faut pas le mettre au sein si longtemps. Son estomac n'est plus habitué à autant de nourriture. »

Mais c'est qu'on est pressés, nous ! On nous a volé six mois d'existence. Retour à la case départ de la vie.

Le papa nous rejoindra un peu plus tard. Et c'est seulement en en parlant tous les deux que nous prendrons conscience du sens exact qui se cachait derrière les *On ne peut pas vous dire* des médecins.

« On ne peut pas vous dire *s'il va vivre.* » La voici, la fin de la phrase qu'ils n'ont jamais prononcée et que nous n'étions pas capables d'entendre.

Et puis, le lundi, on est partis en neurologie. On a quitté la réa car on est vivants. Mais maintenant il va falloir apprendre à vivre avec tout ça.

« Madame, me dit la médecin, on va vous présenter l'assistante sociale. Elle va vous expliquer les démarches pour les aides. Votre bébé est en vie, ajoute-t-elle, mais il sera sûrement aveugle. On ne sait pas non plus s'il marchera. Il aura sûrement un retard mental. Mais il est dit dans les études que le peau-à-peau favorise les connexions neuronales. Alors gardez-le contre vous le plus possible. »

De toute façon, je n'avais nullement l'intention de faire autrement !

À présent, j'ai le droit de rester dormir avec lui. J'ai l'impression de vivre comme un routier. Je pars avec ma serviette sur l'épaule pour aller prendre ma douche au bout du couloir. Mais, pour ça, j'attends que Léandre se soit endormi. Et je fais au plus vite, car il ne dort jamais très longtemps. D'ailleurs, la plupart du temps, lorsque je reviens dans sa chambre, il est en pleurs. Cela fait huit jours que je ne me suis pas lavé les cheveux, mais ce n'est pas grave : moi je fabrique des neurones avec ma peau, alors mes cheveux…

Quinze jours plus tard, nous sommes de retour à la maison.

Pour rester auprès de Léandre, j'étais prête à abandonner mes études. Mais ça ne sera pas nécessaire. La fac me propose un arrêt de six mois durant lequel je pourrai tout de même suivre mes cours et effectuer tous les petits stages de découverte que l'on doit faire, ce qui va me permettre, au moment où je reprendrai le travail, d'effectuer un vrai mi-temps. C'est ce que je fais. À Laval, je vais en cours de médecine générale au Conseil de l'Ordre des médecins avec Léandre, qui est gardé par les secrétaires. Le plus souvent, il dort, et lorsque je l'entends se réveiller, je vais le chercher. Mais, parfois, je ne l'entends pas et je découvre à la fin du cours que les secrétaires l'ont pris dans leurs bras. À Angers, les cours sont calés sur ses heures de goûter. Quand il se réveille, les profs proposent qu'on fasse une pause le temps que je l'allaite.

Léandre a été totalement aveugle pendant deux mois. Puis le sang a commencé à se résorber et il a pu voir à nouveau un petit peu. Je lui ai fait sa rééducation à la maison avec des objets lumineux pour stimuler sa vue, des objets avec des textures différentes pour stimuler son toucher. J'ai laissé libre cours à mon intuition, selon ce que j'estimais bon pour lui. Et lorsque enfin, pratiquement un an après les faits, il a pu aller au CAMSP, le centre d'action médico-sociale précoce, l'équipe a été surprise de découvrir un enfant aussi bien, étant donné ce qu'ils avaient lu dans son dossier.

Quand j'ai repris les stages auprès des praticiens, j'ai réussi à obtenir une place en crèche, grâce à l'intervention de ma médecin généraliste. Léandre y allait toute la journée du lundi et une demi-journée les autres jours de la semaine. Je le récupérais à midi et nous déjeunions à l'internat. Mes collègues qui avaient été là pour lui étaient contents de le voir. C'est à l'internat qu'il a mangé son premier carré de chocolat, à l'internat aussi qu'il a fait ses premiers pas.

Cette histoire fait partie de notre hôpital, elle a marqué les esprits. Un médecin m'a avoué un jour qu'on la lui avait racontée lorsqu'il était arrivé à Laval. Elle est dans l'ADN de notre service. On se la transmet, elle est importante.

Le procès de la nourrice a été un moment éprouvant, on s'en doute. Et ce d'autant plus que la sanction s'est résumée à dix-huit mois de prison avec sursis. Autrement dit, rien au regard des préjudices qu'a subis Léandre, quand bien même ni sa vie ni sa personnalité ne se résument à ses handicaps.

Si cette dame devait venir aux Urgences, je demanderais à un collègue de la prendre en charge. Et s'il me fallait partir en intervention SMUR pour elle, je laisserais également ma place à un autre médecin. Non pas que je lui ferais du mal, certainement pas. Mais parce que j'aurais trop peur qu'on m'accuse de ne pas avoir fait le maximum si elle venait à décéder.

C'est l'unique raison pour laquelle j'exercerais mon droit de retrait. Mes collègues le savent.

Chaque vie compte.

Il n'y a pas de haine en moi. Avec Léandre, on vaut mieux que ça.

Cela dit, cette question est tranchée pour moi depuis longtemps, et si je dois écrire un épilogue à ce terrible événement, je préfère celui-ci.

Un an et demi plus tard, je suis enceinte de mon deuxième enfant, Gautier, et en stage de gynécologie à l'hôpital. Les sages-femmes viennent me trouver et me disent : « Il y a une patiente, elle est pénible. Elle n'en peut plus d'être enceinte et veut qu'on lui fasse une césarienne de confort. Toi qui es enceinte également, tu ne veux pas aller la voir ? Entre "grosses dames", vous allez vous comprendre. »

J'arrive dans la salle d'attente et je vois cette femme, plus grosse que moi, assise à côté de son mari. J'ai l'impression de la connaître. Je m'approche et, lorsqu'elle me voit à son tour, son visage change du tout au tout. Il se ferme. Je me dis qu'effectivement on doit se connaître, mais, vu la tête qu'elle fait, elle ne doit pas m'aimer.

« Bonjour, madame, je vais vous installer dans la salle de soins. »

Et puis tout de même, ça me titille, je veux en savoir plus. Alors j'entame la conversation :

« Vous faites quoi dans la vie ?

– Je suis infirmière anesthésiste. »

Et soudain, je me souviens. *Ma boussole.*

Je la regarde et je lui dis :

« Je vais pleurer et puis je reviens.

– Oui, moi aussi », fait-elle.

Son mari nous dévisage tour à tour comme s'il avait affaire à deux folles.

Je me réfugie dans la salle de pause et je pleure pendant cinq bonnes minutes. Lorsque enfin je suis en mesure de me composer un visage souriant, je retourne auprès d'elle.

« Je suis tellement contente de te revoir, lui dis-je.

– Oui, moi aussi, me répond-elle. Comment va Léandre ? »

Je lui raconte où il en est, ses progrès, tout ça. Puis je la vois prendre une grande inspiration, comme s'il lui fallait rassembler ses forces.

« Je suis tellement désolée, se lance-t-elle. Je voudrais m'excuser.

– T'excuser ? Mais t'excuser de quoi ?

– J'ai été tellement nulle, ce jour-là. J'ai pas su trouver les mots. »

Je me remets alors aussitôt à pleurer.

« Tu as été extraordinaire. Tu n'as pas idée à quel point tu m'as aidée, parviens-je à lui dire entre mes larmes.

– Pourtant, si tu savais… Je m'en suis tellement voulu. J'y ai si souvent pensé… »

Pendant un an et demi, elle n'avait cessé de ruminer son attitude vis-à-vis de moi, se disant que, ce jour-là, elle ne s'était pas montrée à la hauteur – alors qu'elle avait été d'une incroyable humanité. À plusieurs reprises j'avais cherché à la voir pour lui donner des nouvelles et lui dire combien elle avait été précieuse à mes yeux. Mais elle a d'abord été arrêtée pour un problème de genou, puis elle a fait un bébé… Et, durant tout ce temps, elle a cru qu'elle avait merdé, simplement parce qu'elle pensait qu'il fallait des mots.

4

Les brancards

Lorsque je croise des copains dans la rue ou que des gens qui me reconnaissent viennent m'adresser la parole, il n'est pas rare qu'on me demande si ça va au boulot. C'est une question récurrente. Beaucoup de professionnels de santé, pharmaciens, kinés, dentistes... me la posent eux aussi. Comme chacun connaît la situation dans laquelle se trouve l'hôpital, et les services des Urgences en particulier, il n'est pas nécessaire que je rentre dans de longues explications. Selon le temps dont je dispose, je réponds que c'est toujours pareil (voire de plus en plus compliqué), qu'il y a toujours des gens dans les couloirs, qu'on manque de lits, que nous sommes contraints de fermer de plus en plus de nuits faute de personnel, que les gardes sont difficiles, qu'on manque de sommeil, que tout le monde fatigue...

Parfois aussi, il arrive qu'au-delà de cette question on veuille savoir comment je me sens dans mon travail. Comment je vis au quotidien ma fonction de médecin urgentiste dans un environnement si délétère.

Cette sollicitude me touche, mais il n'est cette fois pas aussi simple de formuler une réponse courte.

J'aime toujours autant ce que je fais, alors j'ai tendance à être positive. C'est dans ma nature. Même quand c'est pénible, même quand je pleure, même quand je suis en colère, je reste profondément attachée à mon métier. D'autant qu'il m'arrive de sortir de garde en ayant le sentiment que tout s'est bien passé. Cependant, il faut reconnaître qu'il m'est de plus en plus difficile de maintenir mon enthousiasme au beau fixe. Surtout à l'approche du week-end.

« À partir de maintenant, tout le monde reste en bas ! Et demain aussi. »

Ces mots, prononcés par ma collègue de l'ordonnancement, sont parfois les premiers mots que j'entends lorsque je prends ma garde un vendredi ou un samedi soir à 20 h 30. Ça donne le ton.

Stéphanie, IDE à l'origine de la cellule parcours ordonnancement (CPO), et ses collègues (que l'on appelle aussi des *bed managers*) disposent d'un bureau au quatrième étage. Depuis leur ordinateur, elles ont une vision d'ensemble sur tous les lits du centre hospitalier. Si j'ai besoin de transférer un patient, je compose le 33 249 et elles tâchent de me trouver une solution. Mais elles passent le plus clair de leur temps aux Urgences pour faire un point sur la situation des lits. Le week-end, il est malheureusement de plus en plus fréquent qu'elles doivent nous annoncer une mauvaise nouvelle – nouvelle d'autant plus mauvaise à la veille d'un week-end prolongé.

Tous ceux qui ont été hospitalisés savent que, si vous n'êtes pas sorti le vendredi en fin de journée, le praticien qui vous suit ne travaillant pas le week-end, il y a peu de chances que vous quittiez votre chambre avant le lundi suivant. Pour nous, urgentistes, cela veut dire qu'aucun lit ne se libérera dans les services avant le début de semaine. En dehors des lits « chauds », c'est-à-dire dédiés aux urgences vitales, en cardiologie ou en réanimation, aucun lit ne sera disponible. Autrement dit, si un monsieur est victime d'une fracture du col du fémur un samedi, par exemple, il devra rester deux jours et deux nuits dans le couloir des Urgences. Seul un décès lui permettra d'accéder à un lit dans une chambre. C'est triste à dire, mais c'est la réalité.

Lorsque je suis confrontée à des situations critiques de ce genre, j'avoue avoir du mal à trouver du sens à mon travail.

En prenant ma garde ce soir-là, je me présente à mon collègue de la journée, le docteur Laurent Chabot, et, avant même de me dire bonjour, celui-ci aboie : « J'en peux plus. Je reviens demain, j'en ai déjà la boule au ventre rien que d'y penser. J'ai galéré toute la journée avec les lits. Il y a des arrêts de travail dans les étages. On ne peut faire monter personne, c'est la cata. Même pour prendre un avis tu te fais envoyer balader. Y en a marre ! »

En moins d'une minute je viens de me prendre une vague d'énergie négative, un condensé de détresse. Ce médecin de soixante ans, dynamique et reconnu dans son domaine, était chef des Urgences avant que je lui succède. Au fil de sa carrière, des conflits avec des collègues, il en a connu. Mais, jusqu'à récemment, ils ne survenaient que durant des périodes plus tendues que d'ordinaire, comme lors des pics d'activité des fêtes de fin d'année, ou en janvier et juillet, deux mois toujours très chargés. Aujourd'hui, exacerbés par les tensions permanentes, ces conflits sont devenus quotidiens. S'il m'a laissé sa place, c'est en grande partie à cause de cette ambiance toxique.

Le *burn-out* n'est pas loin, c'est clair. Et, du côté des soignants, ce n'est pas mieux.

Le service est plein. Demain matin, les aides-soignants auront entre dix et quinze toilettes à faire. Et sur des brancards, pas dans des lits, car on ne dispose pas de lits en nombre suffisant pour installer les patients un peu mieux – ou un peu moins mal – dans le couloir des Urgences. Ces patients devront passer la nuit, et le jour suivant, et la nuit d'après, allongés sur des brancards dans un couloir où la lumière, le bruit et les courants d'air sont permanents. Sans parler du manque d'intimité, y compris pour les besoins les plus essentiels, comme uriner.

Ma première patiente est une dame âgée qui a chuté. Une chute mécanique due à une maladresse, rien de bien méchant. Mais, en tombant, elle s'est cogné la tête et, comme elle est sous traitement pour fluidifier son sang, il faut lui faire un scanner. Si celui-ci s'avère normal, elle pourra rentrer chez elle.

Et c'est le cas. Tant mieux. Mais elle est âgée et vit seule à domicile, ce qui dans le service est une problématique récurrente.

Cependant, d'après ce qu'elle m'a dit pendant la consultation, ses filles et elle sont proches, alors je garde espoir de pouvoir la faire sortir sans délai. Un espoir vite douché par mon échange téléphonique avec l'une de ses trois filles. Quand je lui annonce que sa maman est sortante, elle se montre agressive, offusquée même que j'ose lui dire une chose pareille.

« Comment pouvez-vous imaginer faire rentrer à minuit une dame de quatre-vingt-dix ans qui vit seule et est fatiguée ?

– Justement, madame, lui dis-je. Elle est fatiguée et a besoin de repos. Les Urgences ne sont pas le bon endroit pour se reposer. »

Je lui explique que, ne disposant pas d'une chambre ni d'un lit, sa maman restera sur un brancard dans le couloir des Urgences, dans le bruit, la lumière et parfois le froid.

Elle est choquée. Je ne peux que lui donner raison.

« Oui, madame, je suis d'accord avec vous, c'est choquant. Mais c'est la réalité. Je n'ai pas de lit pour votre maman ; c'est un fait. C'est honteux, mais c'est ainsi. Madame, je me bats quotidiennement pour défendre le système de santé qui décline. Vous en êtes victime… On en est là, oui, madame. À ne pas pouvoir garder dans des conditions d'accueil dignes une dame âgée qui pourra regagner son domicile le lendemain. »

Elle décide de venir voir sa maman avec ses sœurs. Elle me dira au dernier moment si elle la reprend avec elle ou pas.

Lorsqu'elles arrivent toutes les trois, en force, l'air déterminé, je sais au premier regard que cette vieille dame passera sa nuit avec moi aux Urgences. Et je ne me trompe pas. Je les vois échanger avec leur mère – trois femmes d'un certain âge au chevet d'une personne de quatre-vingt-dix ans. Puis celle que j'ai eue au téléphone vient me trouver.

« Avec mes sœurs, on a réfléchi. On préfère que Maman soit surveillée ici, m'annonce-t-elle.

– Vous ne pouvez pas la surveiller à domicile ?

– Non. Elle n'a qu'une seule chambre. Je devrais dormir sur le canapé, c'est trop compliqué pour moi.

– C'est entendu, madame. Mais sachez qu'elle restera là où elle est exactement : sur un brancard dans le couloir. Donc ne soyez pas surprises. »

Je vois la culpabilité dans ses yeux, mais non, c'est non.

Je me sens tout aussi coupable d'insister de la sorte, mais si cette dame nécessite une surveillance, ce n'est pas obligatoirement en milieu hospitalier. J'aurais préféré qu'elle rentre chez elle car, en restant ici, je sais que demain elle ira plus mal qu'aujourd'hui.

Des études ont montré que rester sur un brancard aux Urgences est un facteur de risque de surmortalité, avec un pourcentage tout particulièrement élevé chez les personnes de plus de soixante-quinze ans. Chez une personne âgée, cet inconfort décompense des éléments qui sont à peu près à l'équilibre lorsqu'elle se trouve dans son environnement familier. Soudain, ces personnes sont perdues, leurs demandes, leurs besoins ne sont plus pris en compte comme ils le devraient – combien se sont fait dessus parce qu'on n'est pas venu à temps. Par la suite, elles peuvent développer de l'incontinence, souffrir d'escarres, de troubles cognitifs… Il faut aussi rappeler que la privation de sommeil combinée à la luminosité permanente diminue la résilience – ce que certains tortionnaires ont bien compris. Et dire que j'ai vu une dame âgée rester trente-six heures dans le couloir…

J'ai beau être parfaitement au courant de cette cruelle réalité, je ne peux cependant pas faire rentrer cette dame chez elle seule, pas plus qu'obliger ses filles à la prendre pour la nuit. Alors on reste comme ça, toutes aussi insatisfaites les unes que les autres. Chacune dans ses problématiques et ses contradictions.

Pour ma part, j'ai le sentiment de mal faire mon travail. Le sentiment de participer à cette maltraitance collective. J'ai honte d'oublier parfois qu'il n'est pas normal d'en vouloir aux familles.

Non, le problème, ce n'est pas la famille. À soixante-dix ans, il est tout à fait compréhensible de ne pas se sentir en capacité de dormir sur un bout de canapé. Le problème, c'est l'état de santé… de notre système de santé. Et la plus à plaindre reste cette gentille dame âgée. Elle mériterait la plus grande attention et les meilleurs soins. Pourtant, elle s'apprête à passer la nuit dans le couloir des Urgences, dans des conditions qui ne sont acceptables pour personne et encore moins pour une personne de son âge.

Les Urgences sont un lieu de passage et n'ont jamais été pensées pour y rester plus de quelques heures, ou *a fortiori* plusieurs jours. Moi qui l'aime tant, cet hôpital public, j'ai honte du système de santé dans lequel je travaille.

Que faire ?

Évidemment, cette dame sera mise sur un des quatre vrais lits en surplus dont nous disposons. Évidemment on essaiera, vers 3 ou 4 heures du matin, quand l'activité redescendra, de l'installer au calme dans un box. Évidemment. Mais en espérant qu'il n'y ait pas d'autres personnes comme elle durant la nuit, car ma baguette magique est à effet limité.

Ici, on ne fait pas de miracles ; on *est* la cour des Miracles.

5

Au Sénat

Depuis ma prise de position en faveur de la grève, début octobre 2021, il n'est pas rare que je reçoive des appels de numéros inconnus. La plupart du temps je décroche, car je me doute qu'il s'agit de journalistes. Non que j'aime le moins du monde m'afficher dans la presse, mais j'ai un message à faire passer : *Le système de santé ne va pas bien partout en France. Mobilisez-vous !* Et j'ai bien conscience que, sans les journalistes, ce message perdrait en efficacité.

Alors j'enchaîne les interviews.

Durant ma semaine de vacances de la Toussaint, je réponds chaque jour à au moins trois médias. Les demandes sont d'autant plus pressantes que ce que je redoutais a fini par se produire : pour la première fois à compter du 1er novembre 2021, les Urgences de Laval ferment certaines nuits pendant les vacances, ce qui ne s'était encore jamais produit dans notre pays pour un hôpital de cette importance.

Depuis, c'est devenu monnaie courante, et même hors vacances scolaires. Des services d'Urgences de grandes villes comme Bordeaux gardent eux aussi portes closes certaines nuits, faute de personnel. Mais, en cette année 2021, l'annonce de ces fermetures agit comme un révélateur de l'état pitoyable dans lequel se trouvent les Urgences, et mon téléphone n'arrête pas de sonner.

Pour les journalistes, le fait qu'une jeune médecin, cheffe des Urgences d'un centre hospitalier de ville moyenne, accepte de prendre la parole détonne dans l'univers de la santé. Lorsqu'un médecin s'exprime dans un contexte de grève ou de revendications, c'est le plus souvent un homme et il le fait pratiquement toujours pour défendre sa paroisse, ses conditions de travail, ses revenus. Rares sont les praticiens à prendre la défense des autres en dehors de leur corporation. Moi, je parle de tout le monde : du personnel de santé dans son ensemble et, bien entendu, des patients. Je réponds aux questions que l'on me pose de façon aussi claire et précise que possible, et je m'adapte au média qui m'interroge : des réponses courtes pour les radios (ce qui évite de voir mes propos coupés au montage), des réponses plus longues pour la presse écrite. Aux dires des journalistes eux-mêmes, cela fait de moi ce qu'ils appellent *une bonne cliente*.

Ce jour-là, trois semaines après le début de la grève, un numéro commençant par 01 s'affiche sur l'écran de mon smartphone. Je prends l'appel, me demandant sur quel média je vais tomber.

Il ne s'agit pas d'un journaliste. Je ne comprends pas tout de suite de quoi il retourne ; je saisis juste un mot : *Sénat*. Je suis invitée au Sénat, c'est bien ça ? Mon interlocuteur confirme que c'est effectivement la proposition qui m'est faite et me demande si je suis disponible le 16 décembre 2021. Comme je le suis, il me fait savoir qu'un mail contenant toutes les informations nécessaires va m'être adressé.

Je raccroche, pour le moins interloquée. Et effectivement, quelques minutes plus tard, le mail annoncé tombe dans ma boîte. Je découvre alors que je suis convoquée en commission d'enquête au Sénat sur l'état des Urgences en France.

Cette convocation s'adresse à cinq chefs de service des Urgences sur l'ensemble du territoire. Un de Paris, un d'un CHU de province, un d'une ville moyenne (moi), un d'un petit centre et un d'une clinique privée. Un échantillon des Urgences de France, et j'en suis. *Ah oui ! quand même !* Je suis à la fois fière et impressionnée, tout en me demandant s'il n'y a pas une erreur de casting.

Je lis et relis le mail. J'ai une semaine pour me préparer.

Je décide d'en informer le directeur du moment (un nouvel intérimaire, dans l'attente de la nomination du directeur officiel) et lui propose un entretien préalable, de façon à recueillir, non pas des consignes, mais des éléments qu'il souhaiterait porter à la connaissance de la commission.

Jusqu'au 1er novembre, nous avions le soutien de la direction. Laquelle estimait que la médiatisation du mouvement de grève nous permettrait de recruter du personnel. « On vous suit, on vous soutient, mais, s'il vous plaît, faites aussi de la communication positive, m'avait dit en réunion la directrice des affaires médicales. Il faut recruter : servez-vous de vos atouts ! Vous avez tout pour vous, docteur ! Ça va forcément faire venir… » Je n'étais pas sûre d'avoir bien compris ce qu'elle entendait par là, mais je crois qu'elle me suggérait d'user de mes charmes pour faire le buzz sur les réseaux sociaux et dans les médias afin d'attirer de nouvelles recrues. Comme si à moi seule je pouvais faire oublier les conditions déplorables dans lesquelles on nous demande d'exercer notre métier…

Constatant que ce soutien n'était pas du goût de l'ARS, la direction ne tarda pas à se désolidariser. Ainsi le directeur me répondit qu'il n'avait pas le temps de me recevoir, qu'on se verrait après pour en parler – pour finalement ne donner aucune suite à ce message. D'autres directeurs de ma connaissance, plus habiles dans l'art de la communication, n'auraient pas hésité à retourner cette convocation au Sénat à leur avantage. Faisant fi de ce que peuvent bien penser les autorités de santé, ils auraient fait savoir à qui voulait l'entendre que leur établissement était fier qu'on fasse l'honneur à un membre de leur personnel de l'accueillir sous les ors de la république. Au moins ne pouvais-je pas reprocher à mon directeur du moment de se faire mousser sur mon dos.

Livrée à moi-même, j'ai donc sept jours pour préparer quelque chose de bien et de construit. Autant pour les interviews avec la presse je suis à l'aise, j'improvise, je me fais confiance, autant là il va quand même falloir structurer mon propos, ne laisser aucune place à l'approximatif.

Je prépare un petit plan, je récupère quelques chiffres auprès de ma copine Stéphanie, de l'ordonnancement, et je griffonne mon cahier. Pas question de faire un PowerPoint – ce n'est pas mon style. Je sais que j'ai besoin de quelques notes pour être précise, d'un plan pour construire ma pensée, mais mon but est aussi de parler vrai. Et, pour parler vrai, ça ne sera pas très compliqué. Quelques jours avant ma visite au Sénat, j'aurai fait la connaissance – comme toutes les équipes de jour comme de nuit – de cette dame de quatre-vingt-quinze ans qui est restée trente-six heures dans le couloir des Urgences. *Le couloir de la honte.*

Le jour J, me voilà devant le Palais du Luxembourg. Je passe le système de sécurité et me présente à l'huissier.

Lorsque je pénètre dans le salon où l'on nous fait patienter, les autres chefs de service sont déjà là : quatre hommes de plus de cinquante ans ; on est loin de la parité dans les postes à responsabilité.

Puis vient le moment d'entrer dans la salle d'audience. La pièce est impressionnante, avec de grands tableaux aux murs, de beaux sièges…

Une fois installés et les présentations faites, le président de la commission demande à chacun de prêter serment de dire toute la vérité et je me félicite secrètement d'avoir travaillé ma présentation. En introduction, la rapporteuse de la commission rappelle que, lorsqu'on parle des problèmes liés à l'hôpital, ce sont bien souvent les Urgences que l'on cite en premier, d'où l'intérêt de la commission pour une activité qui a doublé en vingt ans.

Pour ma part, je suis invitée à prendre la parole au bout d'une quarantaine de minutes, après les interventions de mes confrères de Rennes, Paris et Muret.

« Je vais faire un état des lieux de ce que je connais le mieux, dis-je en introduction, c'est-à-dire la situation au centre hospitalier de Laval. » Puis je donne quelques chiffres : un bassin de population de 100 000 habitants, 35 000 passages par an, trois médecins la journée, deux la nuit. J'ajoute que l'on compte des internes, des externes, et que l'on accueille également des médecins juniors. Je précise aussi que notre plateau technique est de qualité, avec une réanimation polyvalente, une salle de coronarographie, diverses spécialités de chirurgie, de la pédiatrie et une maternité de niveau 2.

Après cette énumération, je mentionne, toujours en m'appuyant sur mes notes, qu'en dix ans on a constaté une augmentation de notre activité d'environ 20 % et que, pour ce qui est des effectifs médicaux, nous sommes à cinq équivalents temps plein (au lieu de seize à dix-huit pour un bon fonctionnement du service) et que seuls trois équivalents temps plein ont le droit d'exercer la nuit.

« Il y a dix ans, nous n'étions pas beaucoup plus : 6,5 équivalents temps plein, ajouté-je. En fait, le recours à l'intérim était alors plus facile. Actuellement, ce recours à l'intérim est difficile, voire quasi inexistant, en raison d'une perte d'attractivité dans notre établissement due à une grande pénibilité du travail. À rémunération équivalente, les intérimaires préfèrent aller dans des structures plus petites, où la charge de travail est moins importante. On a un temps additionnel colossal, avec 400 à 500 heures par an. Il manque 37 infirmières sur notre hôpital. On a perdu 60 lits en 18 mois, passant de 340 à 280. »

Tout cela n'était qu'un préambule demandé par les sénateurs pour que chacun puisse se faire une idée de la situation concernant l'établissement des intervenants. Je tourne la page de mon cahier et m'apprête à développer ce qui m'importe beaucoup plus que les chiffres : l'humain.

« Concernant la prise en charge des patients, dis-je d'une voix plus affirmée, je crois que le mot *indigne* est le plus simple et le plus parlant pour tout le monde. On peut attendre plusieurs heures avant d'être pris en charge. Cette semaine, une dame de quatre vingt-quinze ans est restée trente-six heures dans le couloir des Urgences. On ne souhaite ça à aucun membre de sa famille. C'est juste intolérable. Chaque nuit j'ai plusieurs personnes qui "dorment" (je marque les guillemets avec mes doigts) dans le couloir des Urgences. »

Je prends le temps de regarder mes interlocuteurs, tous masqués, comme l'exigent les normes sanitaires du moment. Je lis la surprise dans leurs yeux ; les autres intervenants ne sont pas allés sur le terrain de l'humain. Je continue : « Avant la période Covid, on affichait sur les murs le nombre de personnes qui dormaient dans le couloir. Pour des raisons sanitaires on a arrêté de coller des feuilles sur les murs mais les personnes sont toujours là. On a des patients qui doivent uriner derrière un petit paravent. Il arrive que nous n'ayons pas assez de brancards, alors on met les gens sur des fauteuils. Il arrive aussi qu'on n'ait pas assez de couvertures, alors ils ont froid. En fait, on n'a pas assez de places, notre hôpital est sous-dimensionné par rapport à notre activité. Il y a une mise en danger des patients, des défauts de surveillance. »

Les raisons qui ont conduit à cette dégradation ont, pour certaines, été présentées par mes prédécesseurs. Mais il n'est pas inutile d'enfoncer le clou et de rappeler avec les mots qui sont les miens que la situation est peu ou prou la même dans tous les services d'Urgences de France. J'entame alors la partie explication de mon intervention.

« Comprendre les Urgences, c'est aussi comprendre l'amont et comprendre l'aval. Il y a un effet domino, et les dominos retombent toujours sur les Urgences, dis-je en accompagnant mon propos d'un geste illustrant l'aval et l'amont se rejoignant au centre. Quand la médecine générale est débordée ou quand elle n'est plus disponible : *Allez aux Urgences.* Pour les spécialités de ville, pour les spécialités d'hôpital : *Allez aux Urgences.* Le centre de soins programmés est fermé pendant les fêtes de fin d'année : *Allez aux Urgences.* On est à la fois le premier et le dernier recours des gens. Quand on ne sait plus quoi faire, quand on ne sait plus où aller, on va aux Urgences. Moi, je vis dans un département qui est le cinquième désert médical de France. Il y a 6,3 médecins pour 10 000 habitants. 10 % des plus de seize ans n'ont pas de médecin traitant. Donc, dire aux gens : "Allez voir votre médecin traitant", c'est en fait une façon très polie de leur dire : "Débrouillez-vous." Ce n'est pas entendable. »

Voilà pour l'amont.

« Pour l'aval, la solution serait l'ouverture de lits, dis-je. Mais comment faire lorsqu'il n'y a pas de paramédicaux ? Et pourquoi n'y a-t-il pas de paramédicaux ? Parce qu'ils sont dégoûtés. Parce qu'un soignant, ce n'est pas un technicien. Il faut revoir les ratios soignants/patients. Un soignant doit être en forme et en bonne santé pour prendre en charge un patient qui, par définition, est en détresse.

Actuellement, nos soignants sont usés ; les paramédicaux comme les médecins. Les charges de travail, les conditions de travail, la qualité de travail : tout est difficile. Le soin ne doit pas chercher la rentabilité. Le premier médicament, je le dis toujours, c'est l'humain. Il faut remettre de l'humanité dans le soin. Quand vous arrivez aux Urgences, vous avez envie qu'on vous accueille avec douceur et gentillesse. Qu'on prenne en compte votre problème et qu'on soit humainement disponible pour recevoir votre détresse. Et, actuellement, on n'est plus capable de le faire. Lundi, j'ai fait plus de vingt-cinq heures de garde. Mon bip a sonné cinq minutes avant la fin, alors je suis repartie en intervention. Je suis rentrée chez moi, j'ai mangé et je me suis lavée. Et après ? Eh bien, je suis cheffe des Urgences de Laval, alors je suis retournée à l'hôpital et j'ai fait mon travail de cheffe de service. Je n'ai pas dormi une minute sur mon repos de garde. C'est aussi ça que les gens n'arrivent pas à comprendre. On n'a plus de temps *off* sur les gardes, comme autrefois. Maintenant, le flux est constant ; les patients arrivent tout le temps. C'est pour ça qu'on a du mal à enchaîner. Depuis que je travaille, je n'ai jamais pu prendre entièrement mes congés. Cette fin d'année, je vais décaler mes congés de deux jours ; au lieu d'être en congé vendredi, je le serai dimanche. Et je reviendrai mercredi soir, au milieu de mes vacances, pour faire une garde. Si je ne le fais pas, les Urgences devront fermer. Vous vous rendez compte de cette pression qu'on porte ? Je suis une maman de quatre enfants et je vais leur dire en plein milieu de mes vacances : "Dormez bien, mes petits chéris, Maman part travailler." »

Avant d'en venir aux solutions qu'il serait possible de mettre en place, si on voulait bien prendre en compte nos idées et ne pas nous assommer avec les lourdeurs administratives, je tiens à faire remarquer que mon témoignage, offert avec « tout mon cœur et ma sincérité », correspond aussi aux témoignages que j'ai reçus d'autres chefs de service d'établissements de villes similaires à Laval.

Puis je conclus.

« Moi, je fais ce métier par passion. J'estime que je fais le plus beau métier du monde. Je crois en l'hôpital public, c'est pour ça que je me bats et que je m'accroche. J'ai envie qu'on arrive tous ensemble à trouver des solutions. Trop longtemps on a considéré que la santé était l'affaire des seuls soignants. Mais la santé, c'est l'affaire de tous les citoyens. Il faut vraiment s'intéresser à la médecine de demain en profondeur, avec tous les acteurs, tous les partenaires. Il faut redonner ses lettres de noblesse à la santé. Merci. »

Lorsque je me tais, le silence est lourd.

Les sénateurs présents me diront par la suite la difficulté qu'ils ont éprouvée à écouter mon récit, tant l'émotion de la souffrance était grande.

Si c'était dur à écouter, tant mieux : à vivre, c'est infernal.

6

Mon héroïne

Encore une mauvaise nouvelle dans le service. J'apprends qu'une aide-soignante est en arrêt de travail et qu'une autre ne reviendra pas de son arrêt prolongé.

Perte de sens. Ça fait quatre en quelques mois.

On parle souvent dans les médias des difficultés que rencontrent les médecins et les IDE, les infirmiers et infirmières diplômés d'État, mais on oublie toujours les aides-soignants et aides-soignantes.

Pourtant, les vrais héros, ce sont eux.

Quand le travail devient trop dur, trop dense, le médecin se replie sur ses activités principales, le diagnostic et la prescription. Quant à l'IDE, il se concentre sur son activité de technicien : poser une perfusion, faire un pansement, distribuer les médicaments… Certes, la base même du travail est accomplie. Mais à trop se focaliser sur la partie technique de sa profession, on perd l'humanité dans le soin.

Or, l'humanité, c'est ce qui donne tout son sens au travail de l'aide-soignant. Son cœur de métier, c'est le soin à la personne : habiller, faire la toilette, donner à manger… Alors, quand le temps manque, que la charge de travail devient insupportable, quelle solution de repli peut-il trouver ?

Il n'en a aucune et se voit juste contraint de mal faire son travail. Il se dépêche, bouscule les patients, les presse pour qu'ils mangent plus rapidement, fait juste une petite toilette ou parfois pas de toilette du tout (avec la solution de mettre une double protection pour éviter les fuites). Il n'a plus le temps d'échanger quelques mots, et encore moins celui de tenir la main d'un patient en fin de vie.

Pour les aides-soignants et aides-soignantes, la perte de sens est encore plus forte, encore plus violente que pour les autres professionnels de santé. Le sentiment de ne pas avoir accompli son métier est d'une telle évidence qu'il en devient toxique.

À l'âge de trois ans et demi, j'ai été opérée d'une malformation rénale. Les premiers jours, ma maman dormait avec moi, puis j'ai été transférée dans une chambre commune à six lits. Comme j'avais un drain dans l'abdomen, l'infirmière venait tous les matins passer un produit, ce qui me faisait terriblement mal. L'aide-soignante, qui avait remarqué que je souffrais lors de cette intervention, s'arrangeait pour faire le ménage dans la chambre lorsque l'infirmière était là. Elle posait alors son balai et, sans rien dire, s'approchait de mon lit pour me prendre la main. Et moi, avec mes petites mains d'enfant de trois ans et demi, je lui écrasais les doigts aussi fort que j'en étais capable, ce qui me faisait un bien fou.

Cette dame a été l'héroïne de mon séjour à l'hôpital. Son geste m'a profondément marquée. Je lui dois beaucoup dans la façon dont j'exerce mon activité aujourd'hui.

Si elle était en face de moi, je la prendrais dans mes bras.

Aujourd'hui, mon héroïne n'aurait plus le temps de venir au bord de mon lit pour prendre ma petite main d'enfant. Elle sortirait de ma chambre sans se retourner, avec une blessure béante dans le cœur qui rongerait son âme de soignante.

7

Aujourd'hui

Aujourd'hui un interne des Urgences de Toulouse s'est suicidé.

Aujourd'hui un chirurgien orthopédiste de Tours s'est suicidé.

Aujourd'hui un anesthésiste de la région a été retrouvé entre la vie et la mort dans sa voiture, plein de médicaments autour de lui.

Aujourd'hui un réanimateur a été retrouvé inanimé dans sa chambre de garde.

Aujourd'hui j'ai pris trois appels pour des suicides.

Aujourd'hui tu as treize ans et tu t'es pendu.

Aujourd'hui tu as dix-sept ans et tu t'es tiré une balle sous le menton.

Aujourd'hui tu as seize ans et tu as sauté sous un train.

Aujourd'hui tu as quarante-cinq ans et tu t'es pendue à un poteau de téléphone.

Aujourd'hui tu t'es tiré une balle dans le visage car tu n'as plus d'argent pour payer tes dettes.

Aujourd'hui tu as foncé en voiture dans un ravin.

Aujourd'hui un agriculteur s'est pendu dans sa grange.

Aujourd'hui une vieille dame s'est pendue à ses rideaux.

Aujourd'hui Juliette s'est enfermée dans une chambre d'hôtel pour se suicider. Elle était sage-femme et mère de trois enfants.

Aujourd'hui un collègue pompier s'est pendu. On l'a sauvé de justesse.

Aujourd'hui Étienne, un infirmier, a tenté de se suicider mais on l'a sauvé lui aussi.

Aujourd'hui Sylvie s'est suicidée. La famille des pompiers est endeuillée.

Aujourd'hui Thierry s'est suicidé. Ses collègues pompiers ont tenté de le réanimer. En vain. C'était la veille de Noël.

Aujourd'hui mon papa s'est tiré une balle dans la tête.

Aujourd'hui David, mon amour de jeunesse, s'est pendu. Il avait vingt-neuf ans.

Aujourd'hui…

Aujourd'hui…

Aujourd'hui…

Des aujourd'hui, il y en a tous les jours.

Des lendemains endeuillés aussi.

8

C’est maintenant !

Le suicide est un acte auquel je suis constamment confrontée. Et pas seulement dans le cadre de mon métier.

Comme d’autres départements ruraux du nord-ouest de la France, la Mayenne est particulièrement concernée par ce phénomène, lequel s’avère bien plus meurtrier que les accidents de la route. Combien de temps encore resterons-nous dans le déni de la pathologie mentale ? Parce que la psychiatrie fait peur, le suicide répugne. C’est un tabou qui renvoie à l’échec. Les morts par suicide créent le malaise. Les condoléances sont plus succinctes. Les mots s’évanouissent dans un silence gêné. Pourtant, le manque du défunt est le même pour ceux qui restent.

La souffrance mentale est aussi une maladie. On le sait, mais rien n’est fait pour endiguer ce fléau.

Professionnellement, le suicide le plus marquant auquel j’aie dû faire face a eu lieu à la fin de l’année scolaire, quelques années après celui de mon père.

Ce jour-là j’étais de garde au SAMU/SMUR. C’était en fin d’après-midi. La journée avait été bonne, il faisait beau, on discutait entre collègues. On entendait parfois des éclats de rire de-ci de-là.

Je n'étais pas en salle de régulation lorsque le service a reçu l'appel. Mais, pour l'avoir vécu des dizaines de fois, je n'ai aucun mal à imaginer comment cela s'est passé.

Tout à coup l'ambiance se tend. L'assistante de régulation médicale, l'ARM, se met à parler un peu plus fort avec un ton glaçant. Le genre de ton qui fait tout de suite comprendre qu'il se passe quelque chose. Alors on se tait, on écoute. Un collègue envoie les pompiers, et l'ARM, toujours en ligne, lui adresse un petit signe de tête pour le remercier. Il fallait le faire. On regarde l'adresse pour savoir quel SMUR est concerné. Cette fois, c'est Laval.

C'est pour moi. C'est maintenant.

Mon téléphone sonne. Je décroche.

« Caro, on a un primaire sur la commune de Montflours, une plaie par arme blanche. »

Je me précipite dans les couloirs. Le temps que mes collègues prennent quelques affaires et vérifient l'adresse, je m'accorde un arrêt aux toilettes pour faire pipi, car je sais que l'intervention va être longue. Et je cours à nouveau.

On arrive à la voiture tous les trois en même temps. L'ambulancier, c'est Bernard. Il est tout jeune dans le métier, mais, comme on dit, il est au taquet. L'IADE, l'infirmière anesthésiste, c'est Denise. Elle gère, comme tous les IADE.

Dans la voiture, pour que tout le monde ait le même niveau d'info, que chacun sache à quoi s'attendre, je lis la feuille d'intervention que j'ai attrapée au passage.

« Bon, c'est une ado. – Vu son âge, on la traitera comme une adulte. – Et c'est écrit *plaie de cou par arme blanche.* »

Je me tais et réfléchis quelques secondes. Puis je donne mes consignes.

« Bernard, tu prendras le sac SSE pour qu'on ait le pansement israélien. Et aussi je veux un HemoCue rapide. Denise, toi, tu te mets à la perf direct. Et moi, si besoin, j'intuberai. »

Bernard roule vite, très vite. Il m'écoute mais ne dit rien. Je vois cependant au pli de ses yeux qu'il a saisi les consignes.

Après un bref silence, on se regarde tous les trois.

« Ça va aller, se persuade-t-on, c'est certainement une plaie pas trop grave, sinon il serait écrit qu'il s'agit d'une hémorragie. » Dans le cou, il y a de gros vaisseaux ; quand ça saigne, ça saigne vraiment.

Aucun de nous n'a envie de voir quelqu'un de mourant. Encore moins une enfant. Ce qu'on veut trouver là-bas, c'est une gamine avec un petit bobo. Mais, pour être honnête, on n'y croit pas beaucoup.

Après un petit quart d'heure à tombeau ouvert depuis Laval, on aperçoit un homme sur le bas-côté qui nous fait de grands signes. Sûrement le papa venu à notre rencontre pour nous indiquer le bon chemin. Ici c'est la pleine campagne ; des chemins, il y en a partout.

Le visage de cet homme est déformé par le stress. Mais il est là, il nous montre où tourner, et son aide nous est précieuse.

À l'intersection suivante, c'est un pompier qui cette

fois nous fait signe. Pour faire preuve d'autant d'empressement, c'est que c'est grave. Mais en même temps, me dis-je, si l'enfant était en arrêt, ils seraient tous en train de masser. Peut-être que ça va quand même. Tous les scénarios sont possibles…

Sur place, on descend de voiture, on s'approche. L'enfant gît dans l'herbe, près de la maison familiale.

Je me dirige vers le chef d'agrès des pompiers. Je le connais de vue. Je me présente, lui donne ma fonction et l'écoute me rapporter les circonstances et le bilan secouriste.

Il s'agit effectivement d'une jeune fille. En revanche l'indication qu'on nous a donnée n'est pas la bonne. Il n'est pas question ici d'une blessure par arme blanche ; la fille s'est tiré un coup de fusil sous le menton.

Elle est vivante mais inconsciente, et les constantes sont bonnes.

Je me présente aux parents. Pas de bonjour, juste « Caroline, je suis le médecin. Je m'occupe de votre fille et je reviens vers vous après ».

Je me rends compte que j'ai été un peu froide, mais je ne crois pas qu'ils y aient prêté attention.

L'un des pompiers reste auprès d'eux pour leur parler tandis que je rejoins mon équipe. Bernard et Denise sont au top. La perfusion est déjà posée lorsque je m'accroupis près de l'enfant pour l'examiner.

Je cherche le point d'entrée et le point de sortie de la balle. Le point d'entrée est bien sous le menton. Quant au point de sortie, eh bien, il n'y en a pas.

Les constantes sont toujours bonnes. Je décide de

l'intuber au plus vite, là, dans l'herbe, car chaque minute compte. On l'endort et je passe mon tube facilement.

Quelques minutes plus tard, la jeune fille est dans le VSAV, le véhicule de secours des pompiers. On est prêts à partir. Je prends alors quelques instants pour informer les parents.

« Madame, monsieur, l'état de votre fille est stable pour le moment, mais extrêmement grave. On va devoir la transporter au CHU d'Angers pour qu'elle soit prise en charge par des chirurgiens du cerveau. »

J'essaie de garder un ton calme, mais en moi c'est une éruption volcanique. Cette enfant va mourir, je le sais. Et en même temps je ne peux m'empêcher de me dire que peut-être que non. *Je n'ai pas envie.*

Je m'efforce d'être douce avec les parents. « Vous nous avez beaucoup aidés, vous savez. Merci, vous avez très vite réagi… »

D'un geste, le papa me coupe la parole. Il me fait signe de ne pas bouger et disparaît dans la maison pour en ressortir après quelques instants, une balle entre les doigts. « Tenez, me dit-il. C'est une balle comme celle-là qu'elle a tirée. C'est ça, docteur, c'est la même. Prenez-la et montrez-la aux chirurgiens, ça peut aider. »

J'ai failli fondre en larmes lorsque ce monsieur m'a remis la balle. Ça ne servait à rien, évidemment. Mais c'était la seule chose que ce papa pouvait faire pour aider sa fille. Sa fille qui s'était tiré une balle sous le menton avec son arme à lui.

Je l'ai mise dans ma poche et l'ai montrée au médecin du déchocage, la salle d'accueil des urgences vitales d'Angers. Depuis, elle est toujours dans ma trousse de travail. Je la regarde de temps en temps et je pense à cette enfant, à ces parents courageux.

Au moment de quitter les lieux, j'appelle mon collègue de la régulation. Pas d'hélico disponible. Il faudra faire les quatre-vingt-quinze kilomètres qui nous séparent d'Angers par la route. Alors on ne doit pas traîner.

On monte tous les trois à l'arrière de l'ambulance et on confie notre voiture à l'un des pompiers. La patiente est dans un état grave et instable et je préfère avoir avec moi mon équipe au complet plutôt qu'un pompier. Et ce, d'autant plus que j'ai appris que deux d'entre eux étaient des amis de la famille.

Avant de démarrer, on fait un point de situation.

Tension, OK ; température, OK ; pCO2, OK ; HemoCue, OK. Le dextro ? On va en refaire un.

Tout est bien, mais au fond de moi je sais pertinemment qu'il n'est plus question de sauver une vie. Il s'agit d'en sauver plusieurs. De la substance blanche s'échappe de son nez. C'est foutu, cette gamine est en état de mort encéphalique. À partir de maintenant, si ses parents décident de faire un don d'organes, on se bat pour plusieurs vies en suspens.

Je partage mon ressenti avec l'équipe. C'est terrible à dire, mais c'est la vérité. Et pourtant, on a tous envie d'y croire. *On n'a pas envie que cette gamine meure, bordel. On n'a pas envie.*

Je dis aux deux pompiers assis à l'avant : « Allez, on roule. Et vous roulez vite. »

Et pour rouler vite, on a roulé vite. Il a même fallu

s'arrêter le temps de reprendre une tension car les secousses perturbaient la machine.

Une heure après avoir quitté Montflours, nous voici au déchocage d'Angers.

Là, nous sommes accueillis par l'équipe au complet. Tout le monde est hyper concentré. Je récite ma leçon pour leur donner toutes les informations, dans la chronologie, avec les heures précises. Une récitation quasi militaire.

« OK, me dit le doc, on l'installe et on fait tout de suite le doppler transcrânien. »

Je sais bien évidemment ce que ça veut dire, mais les pompiers, eux, l'ignorent.

« On reste, leur dis-je, ça ne sera pas long. On fait une petite échographie de son cerveau pour vérifier que le sang circule toujours. »

Au bout de trois minutes, nous sommes fixés. Le médecin me regarde, l'air sévère. J'ai vu les images en même temps que lui. J'ai compris avant même qu'il ouvre la bouche.

« Ça passe pas, murmure-t-il. Ça passe ni d'un côté ni de l'autre. On va biper le neurochir par principe et l'emmener au scanner. »

Je lui demande de nous accorder un petit temps pour qu'on dise au revoir à la jeune fille.

Je sais que les pompiers n'ont pas bien saisi les enjeux du *Ça passe pas*, mais on parlera de ça dehors. Les au revoir sont déjà assez difficiles. Ils serrent tour à tour la fille dans leurs bras et les larmes me montent aux yeux.

On sort tous les six, les yeux rouges et les joues humides.

Une fois à l'air libre, j'explique de quoi il retourne aux trois pompiers. La jeune fille est en état de mort encéphalique. C'est fini.

Il y a quelques gros mots. Certains allument une cigarette. On parle un peu. J'en profite pour glisser un mot sur le don d'organes. Lors d'un suicide, ça peut aider à faire le deuil, ça donne du sens. En tout cas, moi ça m'a aidée lors du suicide de mon papa. Je me suis dit qu'il n'était pas mort inutilement.

Les pompiers acquiescent et s'effondrent en larmes. Comme beaucoup d'entre nous, ils veulent rester dans l'action afin de tromper leur tristesse. Mais je refuse qu'ils aillent laver le VSAV comme ils en ont l'intention. Il y a du sang et de la substance blanche partout, il est hors de question qu'ils s'infligent ça.

Une équipe des Urgences médico-psychologiques sort à son tour du CHU. Devinant notre détresse, ils viennent vers nous. Denise, Bernard et moi profitons du moment où ils débriefent les pompiers pour aller laver l'ambulance.

La nuit tombe. On pleure ou on ravale ses larmes, c'est selon.

J'avais promis d'appeler les parents lorsque nous serions arrivés. Je l'ai fait, mais je ne leur ai pas dit la vérité. Ou, pour être exacte, j'ai dit la vérité, mais je n'ai pas mentionné les résultats du doppler. Je suis restée volontairement factuelle. « Nous avons déposé votre fille dans le même état que celui dans lequel nous l'avons prise. Elle est partie au scanner. Le réanimateur va vous appeler. »

J'appelle à présent le CTA, le centre de traitement des alertes, et les préviens que leur équipe de Montflours ne pourra pas intervenir cette nuit. Ils ne sont plus en état de bosser. Ce sera déjà un miracle s'ils parviennent à s'endormir, une fois rentrés chez eux.

Quant à nous trois, on rentre en roulant doucement. On arrive même à rigoler. Bernard et moi, nous nous moquons de Denise qui avait la nausée dans le camion des pompiers. Elle a passé tout le trajet assise par terre ou le nez collé à la vitre ouverte.

Il faut bien rire un peu. Pourtant, au fond de nous, on a mal.

On a juste la satisfaction d'avoir fait le maximum.

Au retour, on racontera cette intervention aux autres. Avec les détails. Ou pas.

Bernard, lui, s'amusera du fait que j'aie posé mon genou dans la seule et unique flaque de sang près de la jeune fille.

« L'herbe était propre partout autour. Mais non, il a fallu que Caro mette son genou pile poil dedans.

– C'est vrai, je l'admets, mais sinon, je n'étais pas bien en face pour intuber. »

Alors il rit et se moque. « Une vraie Mimi Cracra ! »

On rit ensemble. On rit pour ne pas pleurer. On rit pour oublier, même si on n'oubliera jamais.

Les parents de la jeune fille ont fait un don d'organes.

À l'instant même où sa vie lui échappait, à l'instant même où son papa et sa maman apprenaient que tout était fini, certains et certaines recevaient le coup de fil qui allait changer leur vie.

« Allô. On a un cœur pour vous. Il faut venir tout de suite. C'est maintenant ! »

9

Extraction en milieu hostile

Encore une de ces journées où je suis à l'hôpital pour gérer l'administratif avant ma garde du soir. Devant mon bureau, je croise Karen, une IADE, et on échange quelques mots.

J'aime beaucoup Karen. Le premier patient en SMUR que j'aie intubé, allongée dans le vomi, c'était avec elle. Elle est douce, gentille, généreuse et très humaine. C'est un rayon de soleil. Et encore plus depuis qu'elle est maman.

Je passe donc ma matinée sur mon ordinateur, tout en m'offrant des petites pauses avec Karen autour d'un thé au SAMU.

Mais, à un moment, je remarque que son regard s'est assombri. Elle me parle d'une amie qui ne va pas bien, sans toutefois me dire de qui il s'agit. Elle me demande un ou deux conseils sur une situation médicale, mais avec plus de flou que de détails. Pas simple.

Et lorsque l'on se croise à nouveau, en fin de matinée, elle me saute dessus : « Caro, il faut que tu m'aides. C'est Samantha, ça ne va pas du tout. Elle a été opérée il y a quelques jours de l'utérus. Elle a fait une complication infectieuse et est repassée au bloc. Ils ont lavé un litre de pus et elle est repartie chez elle vendredi soir sans antibiotiques. »

Depuis, m'explique-t-elle, ça ne va pas du tout. Samantha, qui est elle aussi l'une de mes collègues IADE, a été hospitalisée à nouveau pour le week-end, mais avec juste des antidouleurs ; toujours pas d'antibiotiques. Elle a dû pleurer pour qu'on lui pose une perfusion.

La veille, elle a eu un scanner qui montre que ça ne va pas, mais le gynéco ne veut pas la transférer à l'hôpital de Laval. Il va refaire une cœlioscopie dans l'après-midi.

Sauf qu'elle a 9 de tension, 125 de pouls et qu'elle est marbrée.

Depuis ce matin, elle ne répond plus au téléphone. « Je la connais, c'est que ça ne va pas du tout », m'assure Karen.

Le chirurgien viscéral d'ici, au vu du compte rendu du scanner, veut bien la prendre en charge, mais il faut que son collègue l'appelle car il n'a pas vraiment le droit de l'appeler directement.

Karen se met à pleurer et me dit : « C'est ma meilleure amie et je crois que je n'ai pas les idées claires. Peut-être que je m'inquiète trop. Mais toi, t'en penses quoi ?

– Elle est en choc septique, donc j'en pense qu'elle doit être opérée dans une structure avec une réanimation, si jamais ça se passe mal. »

Un peu perdue et dans le flou, Karen me dit en avoir parlé avec Serge, un autre IADE dont on apprécie toutes les deux le jugement. Lui aussi pense qu'il faut la faire revenir sur notre centre hospitalier. Elle a besoin d'un chirurgien viscéral ; le problème est devenu trop grave pour les compétences d'un gynéco.

On décide de rappeler Serge à son domicile ; il a toujours de bonnes idées.

« C'est qui en régul ? nous demande-t-il.

– Jean-Paul.

– OK. Demandez-lui une ambulance pour aller chercher Samantha. »

Nous demandons une ambulance à Jean-Paul, qui nous répond : « Je ne peux pas envoyer d'ambulance si le médecin ne l'a pas demandée. »

Serge s'agace un peu. Si on ne fait rien, Samantha va y rester.

« Eh bien, il faut qu'elle signe sa pancarte », nous dit-il. En d'autres termes : sortir contre avis médical.

Le problème, c'est que la copine en détresse est tellement en détresse qu'elle a coupé son téléphone. Et ni Karen, qui est en garde SMUR, ni Serge, de garde ce jour-là pour les pompiers, ne peuvent aller la chercher.

Eh bien, moi qui ne suis de garde de rien du tout, je peux le faire. Je peux aller récupérer Samantha. Et si Serge dit qu'il lui faut un chirurgien viscéral pour la sauver, moi, je le crois. Je lui fais totalement confiance.

Par contre, je suis venue à pied. Il faut donc que je repasse chez moi récupérer ma voiture.

« Pas le temps, me dit Karen, je te prête la mienne.

– Euh… t'es sûre ?

– Mais tu fais gaffe, Caro. C'est celle de mon mari… »

Ma voiture à moi, elle est, comment vous dire… C'est une œuvre d'art, un poème, une histoire de vie. C'est une poubelle à l'intérieur, la succursale d'un magasin de sport aussi, et de l'art abstrait à l'extérieur. C'est la mienne, tout le monde la connaît ; je ne peux aller nulle part incognito.

Bref, c'est avec mille précautions que je prends la route. Ma conduite est à des années-lumière du caractère d'urgence de ma mission.

Une fois sur place, je me gare prudemment sur le parking et me rends à l'accueil.

Ici, comme chez nous, les normes sanitaires de la période Covid sont toujours en vigueur ; les visites restent limitées à une par jour. Mais, au vu de l'horaire, personne n'est encore venu voir Samantha et je n'ai pas besoin de sortir le grand jeu, de faire savoir que je suis médecin. Ça passe crème.

En entrant dans la chambre de Samantha, je la trouve sur son lit, vêtue d'une chemise en tissu bleu jetable de bloc opératoire, d'une charlotte et de bas de contention, prête à partir se faire charcuter. Voire pire.

« Ah, c'est gentil de venir me voir, me dit-elle avec un pâle sourire, le visage marqué par la fatigue.

– Je ne viens pas te voir, Samantha, lui dis-je. Je viens te chercher. »

Je m'assois à côté d'elle et on échange quelques mots. Elle me raconte sa descente aux enfers et, malgré tout, sa décision d'accepter de se faire opérer.

Elle a bien conscience que ça ne va pas du tout, qu'elle est en état de choc septique, mais elle manque de discernement.

Elle a dit oui au gynéco et n'ose pas revenir sur sa décision.

« Après l'opération ? demande-t-elle timidement.

– Après l'opération, tu seras encore plus mal, dis-je. On part maintenant. »

Je vois bien qu'elle a du mal à se décider : « Oui, tu as raison, me dit-elle au bout de quelques instants. Mais non, là c'est trop tard. »

Alors je sors mon joker.

« Tu sais, c'est Serge qui m'a demandé de venir te chercher. Et tu le connais, il n'est pas commode. Si je reviens sans toi, je vais me faire défoncer. »

Elle a beau savoir que je ne plaisante pas, je n'obtiens aucune réaction.

Comme le temps presse, j'appelle Serge et lui passe Samantha. J'entends qu'il argumente pour qu'elle revienne sur sa décision. Après cinq minutes d'échanges, elle raccroche, me rend mon téléphone et se lève. « On y va », me dit-elle en dévissant le petit bouchon de sa perfusion.

Aussitôt, tandis qu'elle enfile difficilement son manteau et ses chaussures, je fourre ses quelques affaires dans un sac. Elle est si faible que je suis obligée de la soutenir pour sortir de la chambre. Mais elle ne veut pas de fauteuil. « On ne perd pas de temps, on s'en va vite. »

Dans le couloir, nous sommes interpellées par l'IDE : « Hop hop hop ! Je préviens le gynécologue, nous lance-t-elle. On ne peut pas partir comme ça ; il y a des papiers à signer. »

Alors on attend.

J'en profite pour appeler Karen et la prévenir de notre arrivée.

« Prends les résultats biologiques et le scanner, ça va aider Maurice », me dit-elle – Maurice étant le chirurgien viscéral.

J'ai beau être tout à fait d'accord avec elle, je lui réponds qu'on ne va rien prendre du tout, qu'on refera tout à l'arrivée. L'important est de s'extraire d'ici au plus vite.

L'IDE revient : « Bon, bah, le gynécologue a dit que vous pouviez partir comme ça. »

Alors c'est ce qu'on fait : *on part comme ça*, comme des voleuses, en marchant aussi vite que l'épuisement de Samantha nous le permet. Si on était dans un film, la scène ne manquerait pas de faire sourire : la chemise fendue bleue sous le manteau, la perf qui pend, les bas de contention dans les baskets, les fringues qui dépassent du sac. Le total look du patient qui fugue.

D'ailleurs, en passant la porte vitrée, les nerfs lâchent et un fou rire nous prend toutes les deux devant la cocasserie de notre expédition.

Samantha est très courageuse. Je la soutiens du mieux que je peux, mais je sens bien qu'elle est faible et qu'elle a mal.

Arrivées sur le parking, je l'aide à s'installer dans la voiture et la prudence n'étant plus de mise, on fonce au centre hospitalier.

Là, nous sommes attendues par Karen et l'IAO (l'infirmière d'accueil et d'orientation). Un box a été libéré pour Samantha.

Karen lui pose une autre perfusion et fait un bilan. De mon côté, je chope une étiquette et file au scanner.

« Le prochain patient que tu mets sur la table de scanner, c'est elle, dis-je au manipulateur radio en désignant le nom sur l'étiquette. Elle, c'est Samantha, une IADE. Elle est en choc septique à point de départ gynéco et est attendue au bloc. Mais le chir veut voir sur quoi il s'engage, c'est très urgent. »

À peine suis-je de retour auprès de Samantha qu'elle part au scanner.

Je vois alors les yeux de Karen se remplir de larmes. « Elle a 8 de tension et 130 de pouls. Elle souffre terriblement. J'ai peur pour mon amie. »

Je la prends dans mes bras et tente de la rassurer. « Ça va aller. »

Je croise ensuite une collègue médecin à qui je raconte ce qui vient de se passer. À ma grande surprise, elle me rétorque : « Tu es allée la chercher ? Moi, je ne crois pas que je l'aurais fait. »

Elle ne sera pas la seule à remettre en cause la récupération de Samantha dans la chambre d'un autre établissement.

Le résultat du scanner tombe, le bilan aussi. C'est cata. 300 de CRP, 24 000 blancs.

Envahissement du tube digestif et du vagin.

Maurice a des doutes. La situation est plus grave qu'il ne l'imaginait. Sera-t-il capable d'opérer sa collègue ?

L'alternative étant qu'elle soit prise en charge à Angers, Karen et moi tentons de lui faire entendre raison.

« Ce n'est pas possible, Maurice. Elle est trop instable », insiste-t-on.

Ne se sentant pas d'opérer seul, il décide d'une opération à quatre mains, aidé de Monique, comme lui chirurgienne viscérale.

Enfin Samantha part au bloc.

Lorsque je vais grignoter au SAMU, il ne me reste que très peu de temps avant de prendre mon service.

Plus tard, vers 20 h 30, ma garde étant calme, je décide d'aller faire un tour à l'internat. En poussant la porte, je tombe sur Maurice et Monique qui sortent à peine du bloc opératoire. Je m'empresse de leur demander des nouvelles

À ma grande surprise, l'accueil est peu chaleureux de la part de Monique.

« Alors comme ça, on vole les patientes des autres ? me lance-t-elle. Ce n'est pas très confraternel, ça. »

Je lui réponds que Samantha est sortie contre avis médical et que je n'ai fait que mon devoir d'amie en faisant le taxi.

Maurice, lui, ne rentre pas dans ce petit jeu. « Tu as bien fait, tu lui as sauvé la vie, dit-il. Ç'a été chaud, elle avait des brèches dans le vagin et l'intestin. Elle est passée à deux doigts de la stomie. Désormais elle va bien, mais le réveil sera douloureux. Je vais appeler le confrère gynéco pour lui donner des nouvelles de sa patiente. »

Il a raison. C'est la meilleure façon de procéder.

Il n'empêche que, lorsque je retourne aux Urgences reprendre ma garde, je suis un peu chamboulée par la réaction de Monique. Visiblement, aux yeux de certains, la confraternité vaut plus qu'une vie.

Par la suite, l'histoire sera évoquée en Conseil de l'Ordre. Maurice prendra ma défense et ça n'ira pas plus loin. Samantha n'a pas porté plainte contre le chirurgien, mais elle l'aurait fait si on m'avait attaquée. Il est évident que celui-ci n'a pas commis de faute. Je dirais plutôt qu'en raison d'un flux important de patients, d'un isolement dans sa spécialité ou de l'absence d'un second avis, focalisé comme il l'était sur son objectif, il a été victime de l'« effet tunnel », ce qui l'a empêché de voir l'état critique dans lequel se trouvait sa patiente.

Et pour ma part, si c'était à refaire, je le referais sans la moindre hésitation. Il me suffirait de me souvenir du message que j'ai reçu dans la nuit, pendant ma garde. Il m'était adressé par un inconnu et disait ceci : *Mes enfants te remercient d'avoir sauvé leur maman et moi d'avoir sauvé ma femme.*

Là, c'était trop pour mon petit cœur. Les larmes d'émotion coulèrent à flots.

10

Le corporatisme

À l'hôpital, les médecins ont toujours veillé à mettre une certaine distance entre eux et les paramédicaux. Pas question de laisser s'installer une quelconque forme de proximité avec les membres de leur équipe ; un médecin a fait au minimum dix ans d'études et se sent parfaitement légitime à instaurer un mode de gouvernance vertical : *Je décide, on m'obéit.* Après tout, me direz-vous, il est vrai que la responsabilité incombe au médecin. Mais en quoi cela impose-t-il de mettre de la distance avec les paramédicaux ? Les praticiens craindraient-ils que l'on remette en cause leur savoir, leurs décisions ?

Lorsque j'étais cheffe du service des Urgences, on m'a beaucoup reproché d'être proche de mes équipes. Pour gouverner, il faut être seul, me disait-on. Il n'empêche que, depuis mes tout premiers stages, j'ai toujours fonctionné ainsi et cela ne m'a jamais empêchée d'être respectée et écoutée.

Fort heureusement, la nouvelle génération de médecins assouplit cette gouvernance très hiérarchique. Lors de mon année et demie à l'École des hautes études de santé publique, où j'ai obtenu un diplôme de médecin manager, on nous encourageait à revenir à plus de proximité, plus de communication. Mais il s'agissait là d'une stratégie – parce que c'est ce qui fonctionne –, alors que, si ce n'est pas fait de façon sincère, cela s'appelle plutôt de la manipulation.

Étant médecin parmi les médecins, je n'ai découvert cette distance entre eux et les paramédicaux que tardivement. À ma décharge, un médecin me sourit et me parle normalement – ce qu'il ne fait pas forcément avec une infirmière ou une aide-soignante. Il a même fallu un événement particulier pour que je prenne la pleine mesure de l'ampleur de ce corporatisme.

Et cela m'a mise très en colère.

Ce jour-là, alors que je participe à une réunion de projet d'établissement regroupant une cinquantaine de personnes, Sabrina, une collègue cadre assise à côté de moi, me raconte en aparté qu'elle revient d'un arrêt de travail. Le premier de sa vie, me dit-elle. Un lumbago carabiné.

Une petite lumière s'allume dans ma tête. J'ai fait ma thèse sur la lombalgie chronique et je sais que le mal de dos dissimule une souffrance autre. La lombalgie est un motif de consultation récurrent qui cache souvent une problématique plus profonde, plus complexe. Toute l'anxiété que nous fait subir la société vient souvent se loger là, dans le bas du dos – d'où l'expression *j'en ai plein le dos*.

Mes soupçons ne tardent pas à se confirmer.

Dans les minutes qui suivent, Sabrina me raconte qu'elle a dû passer par dix jours en télétravail. Le motif ? Menaces de mort, insultes, violences en tout genre sur sa personne de la part d'un médecin de son service.

Cela fait trois ans que Sabrina est dans l'établissement et elle en a déjà marre. Et pour cause. Elle reçoit très régulièrement des remarques désagréables, des insultes, jusqu'à du chantage au suicide, de la part de ce médecin – par ailleurs très compétent. Elle a eu beau faire remonter l'info : rien.

Cet homme a fait subir à plusieurs générations de secrétaires, d'IDE, d'aides-soignantes et de cadres l'enfer sur terre. Mais non : rien, pas de réaction.

Il sera à la retraite dans trois semaines ; il faut serrer les dents.

Mais, quand il s'est mis à menacer Sabrina et à l'insulter, c'est elle qui s'est retrouvée recluse dans son logement en télétravail. À n'y rien comprendre.

Cette collègue, je l'aime beaucoup. Elle est investie, drôle et courageuse. Son mari est décédé dans le service où elle travaille. C'est une *Wonderwoman* qui a foi en l'hôpital public. Alors l'écouter me raconter l'enfer qu'elle vit depuis trois ans me glace le sang.

Le soir, en allant chercher mes enfants au water-polo, j'en parle avec une collègue IDE en réanimation, elle aussi maman d'un petit poloïste. Elle me raconte qu'une autre infirmière, qui disait avoir des idées suicidaires, a changé de service pour ne pas commettre l'irréparable.

Aussi perturbants soient-ils, je n'ai aucun doute sur les faits relatés par mes collègues.

Quand j'étais interne, je me souviens d'avoir appelé ce médecin pour lui demander d'hospitaliser dans son service un patient d'une cinquantaine d'années. Il avait une pathologie incurable au pronostic très sombre, une défaillance hépatique et rénale gravissime. Je voulais juste lui trouver un lit pour démarrer des soins palliatifs. Ce chef de service m'a menacée de se mettre en arrêt pour *burn-out* si je prenais un de ses lits pour ce patient. Toute jeune interne que j'étais, je me suis ravisée, me disant que celui-ci serait mieux accompagné dans un service où on voulait bien le prendre en charge.

Il est donc mort aux Urgences, dans un box, sur un simple brancard. Pas de chambre, pas de lit pour lui. Mais un médecin et une équipe bienveillante pour le veiller. Je me console comme je peux.

Et des histoires de harcèlement, ma collègue Sabrina en a d'autres. Elle dispose d'un dossier de soixante pages sur les faits d'un autre médecin de l'hôpital. Soixante pages de griefs contre une seule et même personne. Des faits de violences verbales mais aussi physiques.

Pour ce médecin-ci, la direction a eu le courage de procéder à une mise à pied. Sanction relativement rare à l'encontre d'un praticien titulaire. En plus d'être désagréable, il était peu assidu sur les horaires et assez large sur la durée de ses congés ; ç'a dû jouer.

Un de plus.

Mais, en ce qui concerne ce médecin, ce qui m'a mise en colère, c'est qu'une pétition médicale a circulé pour le soutenir.

Il s'avère que cette pétition n'est jamais arrivée sur mon bureau et que j'en suis assez fière. Cela veut dire que les gens savent que j'ai une certaine intégrité morale. Ou alors que je me fous de la confraternité. Quelle que soit la raison, cette pétition, comme l'ensemble du dossier, a été portée à ma connaissance plusieurs mois plus tard. J'ai alors découvert avec effarement qu'une bonne partie de mes collègues du service l'avaient signée. Et même, pour l'un d'entre eux, qu'il avait rédigé un courrier pour défendre l'accusé, sous prétexte qu'il avait été président de CME. Selon lui, il était injuste et intolérable que ce médecin dévoué à ses patients soit mis à pied.

De quel droit peut-on harceler les gens au travail simplement sous prétexte d'une supériorité hiérarchique ? – Supériorité d'ailleurs très discutable. – Pourquoi un médecin serait-il au-dessus des lois ? Pourquoi celui qui, de par son statut, devrait montrer l'exemple, a-t-il le droit d'en abuser pour humilier, insulter, soumettre et violenter une personne de son service ?

Comme tous, j'avais connaissance des faits, mais je ne les ai jamais constatés directement.

Ce jour-là, les bras m'en sont tombés.

Je comprends un peu mieux chaque jour pourquoi Serge emploie inlassablement la formule *petit paramédical de merde* en parlant de lui-même. J'avais l'impression qu'il se dépréciait à tort, mais il a au contraire une vision très juste de la façon dont certains médecins les considèrent parfois, lui et ses pairs.

À la fin de cette réunion de projet social d'établissement, j'ai pris la parole pendant dix minutes pour expliquer que toutes les réunions, tous les projets d'établissement ne seraient jamais d'aucune utilité si les fondamentaux que sont le respect et le travail en équipe dans l'intérêt du patient n'existaient pas.

Quelle honte de faire partie de ce corps médical où règne l'omerta.

Comment peut-on espérer un renouveau si les intérêts personnels et corporatistes priment ?

11

Murmures entre deux portières

Encore une garde difficile. Je rentre chez moi en prenant mon temps. Mes enfants m'attendent sans m'attendre. On est dimanche matin ; ils ont droit aux écrans. Alors je respecte mon rythme, et mon rythme, ce matin-là, c'est *petit rythme.*

Avant de quitter le service, il y a eu beaucoup de bavardage, mais pas que. Je suis passée de bras en bras pour faire des câlins à mes collègues.

Ils savaient…

Ils savaient que ma fin de journée de la veille avait été difficile et qu'en rentrant d'intervention j'avais dû enchaîner sur la régulation. Alors, dans ces cas-là, on parle, on s'embrasse, on prend du temps ensemble. C'est important.

Hier, avec mon équipe, on a perdu un bébé.

Ce n'était plus vraiment un bébé ; il avait deux ans et demi. Mais je ne sais pas pourquoi, quand je parle de ce petit bout de bonhomme, je dis *un bébé*. Peut-être parce que c'est comme ça que sa maman l'appelait : *mon bébé.*

Hier après-midi, petit Ezio était censé être dans sa chambre. Petit Ezio était censé dormir. À deux ans et demi, on fait encore la sieste. Et sa maman aussi, qui ce jour-là travaillait le matin de bonne heure.

Malgré le temps gris et quelques gouttes de pluie, lorsqu'il s'est réveillé, Ezio a eu envie d'aller se baigner dans la piscine. Et quand sa maman s'est réveillée à son tour, elle ne l'a pas trouvé dans sa chambre.

Elle a appelé son mari pour savoir s'il était avec lui. Mais non, le papa était seulement avec la grande sœur de huit ans.

Alors la panique est montée. Celle qui envahit tout le corps, celle qui envoie des fourmis dans les membres et empêche de respirer. Celle qui donne les mains moites…

Et c'est dans la piscine que maman a retrouvé son bébé.

Alors, nous, on est partis pour essayer d'arranger ça.

On est partis sur un secteur qui n'est pas le nôtre car il n'y avait pas de médecin dans l'autre équipe de SMUR. Et, pour un arrêt cardio-respiratoire, il faut un docteur. Et vite.

L'autre équipe a tout de même été engagée. Chaque minute compte. S'ils peuvent arriver avant nous, c'est toujours ça de gagné.

Nous sommes officiellement à vingt et une minutes des lieux. On sera sur place en onze minutes.

Dans la voiture j'ai dit à Eude, l'ambulancier : « Tu donnes tout, on s'en fout. »

Le *on s'en fout*, c'est en référence à un mail qu'on a reçu le mois dernier qui disait qu'on ne devait pas dépasser de plus de 30 km/h la limitation de vitesse quand on part en intervention SMUR.

Moi, je fais toujours comme si c'était un proche ; je donne tout.

Alors on roule vite, et dans la voiture tout le monde est d'accord avec ça.

La troisième personne, c'est Géraldine, l'IADE. Comme je ne la connais pas bien, je fais attention à communiquer avec elle le mieux possible pour la mettre à l'aise. Si tant est qu'on puisse être à l'aise dans ce genre de situation.

Je lui dis : « J'intube et tu poses la perf. Et si tu n'y arrives pas, je poserai un cathéter intra-osseux. Et si je n'arrive pas à intuber, tu te mettras à la tête. »

Elle me répond qu'elle est d'accord, qu'en effet elle veut bien que je pose le cathéter, qu'elle ne l'a encore jamais fait sur un enfant.

J'ajoute : « Je ferai en fémur distal si jamais on doit le faire. Eude, tu descends d'emblée la pochette pour le poser. »

On discute tous les trois du matériel nécessaire et, avec Géraldine, on fait les calculs de dose pour l'adrénaline, la drogue de l'arrêt cardiaque.

Comme toujours, je donne toutes les constantes habituelles d'un enfant et ce dont j'aurai besoin lorsqu'on arrivera sur place. Chacun sait ce qu'il aura à faire en descendant de voiture. Comme à son habitude, Eude fait un mini signe de tête pour valider.

Lui et moi, on se connaît bien. On a partagé un sacré nombre d'interventions pas toujours simples. Eude, c'est mon ambulancier préféré. Ils sont tous très bien et ma préférence se joue à pas grand-chose, mais Eude est calme, posé, force de proposition. Il anticipe, est incroyablement gentil avec les gens, attentif aux détails. Et après l'intervention, même si ce n'est pas un grand bavard, il aime bien débriefer. Il reçoit ce qu'il y a à prendre dans ce genre de situation. Et il donne. Il me donne. Il sait quand je prends dur, il sait trouver les mots pour me réconforter. Quelques mots, pas plus, car il a une certaine forme de timidité. Lui et moi, on a une complicité, une confiance réciproque et beaucoup de respect.

On est là l'un pour l'autre au travail et en dehors, sans pour autant se côtoyer ou prétendre qu'on est amis. Il lui arrive de me demander des trucs pour ses gamins ; et moi des trucs pour ma voiture.

Pour l'heure, il nous conduit à vive allure vers Ezio.

Sur place, on découvre une maison toute simple dans une zone pavillonnaire. Dans le petit jardin, il y a du monde et nous sommes accueillis par une pompier.

Tandis que mes collègues gèrent les sacs, je l'écoute me rapporter le bilan secouriste.

Le petit est en train d'être massé dans l'herbe, à quelques mètres de cette maudite piscine.

Je me présente aux autres personnes et demande qui est qui.

Il y a là deux pompiers en civil, alertés par l'application *Staying alive* – une application mobile de citoyens sauveteurs –, trois pompiers en tenue, ainsi que des voisins.

Ils ont massé et sont même allés chercher le défibrillateur du village.

Tout le monde s'est mobilisé pour cet enfant du quartier, ce petit bout de bonhomme de presque trois ans.

Je m'installe et tente de poser mon tube dans ses voies respiratoires

C'est plein d'eau. Je ne vois rien. On aspire. Encore et encore.

Ça y est, j'y suis.

Géraldine me dit : « Viens, je ne peux pas poser la perf. » Alors, en un instant, je lâche le tube que je confie à l'autre IADE qui vient juste d'arriver, en lui disant : « J'étais trop loin, je me suis retirée. Regarde si ça va. » Et je rejoins Géraldine au pied de l'enfant pour poser le fameux cathéter.

Voilà. C'est fait et ça passe bien. On a une perfusion qui fonctionne.

De son côté, JM, l'autre IADE, a réajusté le tube. Maintenant on va pouvoir faire une réanimation bien orchestrée.

Tout le monde à son poste.

On se parle, on est tous calmes. Mais la tension est palpable. L'ambiance est pesante. Je donne le rythme et j'annonce qu'on fera une réanimation longue. Je propose de masser jusqu'à 19 heures. Il est 17 h 40. Mais JM propose une heure et demie de réa, alors j'acquiesce.

Il est important pour moi que tout le monde soit d'accord sur la gestion de la réanimation. On a la vie d'un petit être entre nos mains et ce n'est pas rien.

On se relaie pour le massage.

Un pompier tient la perfusion. Deux autres maintiennent une bâche au-dessus de nos têtes pour que la pluie ne vienne pas refroidir le petit bonhomme déjà très froid. Trop froid.

On se relaie à l'injection de l'adrénaline, au massage et à la ventilation. Et aussi à la palpation du pouls.

On est attentifs. Par deux fois on a l'impression de récupérer un pouls. *Allez, Ezio. Accroche-toi, petit bonhomme.*

Par deux fois, c'est finalement un pouls qui nous file entre les doigts. Donc rien.

Mais, tout à coup, il a un mouvement respiratoire, alors on y croit. On était censés arrêter, mais l'espoir revient. Alors on continue.

De temps en temps, le papa s'approche de nous pendant le massage. Il tourne et vire et repart en pleurant.

Sa femme, elle, ne s'approche pas. Elle ne peut même pas être dans la maison et encore moins dans le jardin ; elle attend dehors dans une voiture.

On continuera ainsi pendant deux heures. Sans retrouver aucun signe de vie. Deux heures de réanimation, c'est long. Mais c'est trop dur d'arrêter. C'est trop dur de se dire que tout espoir est perdu. Trop dur de se dire qu'il va falloir décider de prononcer l'heure du décès. Qu'il va falloir aller annoncer l'impensable aux parents. Et à la grande sœur de huit ans.

Et pourtant…

19 h 42. C'est terminé.

Nous restons de longues minutes silencieux autour de ce petit enfant inerte, notre façon à nous de nous recueillir, de lui rendre hommage, de l'accompagner et de lui dire au revoir.

Durant deux heures, nous avons tous lutté pour le faire revenir à la vie.

Nous y avons laissé une petite partie de notre âme,

nous sommes restés concentrés pour ne pas nous laisser submerger par l'émotion que suscite la vue d'un enfant mort. Et maintenant, c'est fini, alors le silence est notre allié pendant quelques minutes pour faire notre deuil à nous, nous les soignants et secouristes.

Quand tout est fini et que je me rends dans la maison pour annoncer le décès au papa, je n'ai même pas la force de prononcer les mots. Je le regarde, l'air déconfit, et me contente de secouer la tête. Il a compris.

Sa famille est là et le prend dans les bras.

Je me cache pour essuyer mes larmes, puis demande où se trouve la maman.

On m'indique une voiture garée devant la maison.

Je sais que je vais devoir parler, prononcer des mots. Elle est en état de choc. Il faut qu'elle entende des mots pour comprendre. Alors je m'approche d'elle doucement, dans cet espace intime créé par l'ouverture de la portière arrière droite de la voiture.

Je commence par lui redire les faits. Je lui redis ce que nous avons mis en place pour prendre en charge son bébé.

Et je prononce le coup de grâce.

« Votre bébé est décédé. Nous n'avons pas pu, malgré tous nos efforts, le réanimer. »

Elle me fixe sans bouger. Elle a l'air d'une enfant perdue.

Je prends son visage entre mes mains et lui demande si elle m'a entendue.

Elle hoche la tête pour dire oui.

Elle finit par parler. Des propos confus sur son fils, son bébé. Je l'écoute, je la prends dans mes bras et lui caresse les cheveux.

Après quelques instants, je lui demande si elle veut voir son enfant.

Elle ne sait pas. Puis se décide.

Elle veut qu'il soit beau. Alors je prends un joli plaid jaune doré qui se trouve là, dans la voiture, et retourne auprès du petit Ezio. Je viendrai la chercher quand il sera prêt.

Présent parmi les équipes, l'officier de gendarmerie scientifique nous a donné son accord pour enlever tous les éléments techniques afin que l'on puisse envelopper l'enfant dans le plaid.

Je laisse mes collègues et les pompiers remettre de l'ordre autour de lui. Une autre tâche difficile m'attend. Celle que je redoute le plus. Car, pire pour moi que l'annonce à la maman, il me reste à aller parler à la grande sœur.

C'est important pour moi de le faire. J'estime que ce n'est pas le rôle des parents.

Un peu plus tôt dans la prise en charge, je m'étais éclipsée pour m'adresser aux parents et à la petite fille. La réanimation était ritualisée et l'équipe n'avait pas besoin de moi pour gérer à la perfection la prise en charge de l'enfant.

J'étais donc allée les voir pour me présenter, récupérer quelques informations et en donner à mon tour.

J'avais expliqué que ça allait durer longtemps, très longtemps. Car, dans le cas spécifique de la noyade, la température du corps descend et peut empêcher le cœur de repartir. Alors on réchauffe et on masse longtemps.

J'avais donc fait la connaissance d'Alya. Elle avait absolument tenu à me parler pour me dire : « Tu sais, moi, je suis sa grande sœur.

– Moi, c'est Caroline, lui ai-je répondu, je suis le docteur. Ezio a de la chance d'avoir une grande sœur. »

On avait échangé quelques mots puis j'étais retournée auprès de son petit frère.

Mais là, maintenant, je dois affronter Alya. Trouver les mots pour que cette petite fille de huit ans comprenne, mais sans non plus être trop violente.

Je sais que je sais faire. J'ai appris à le faire et je l'ai déjà fait. Je sais que je vais y arriver. Mais là, tout de suite, j'ai juste envie de fuir et de me cacher.

J'adore les enfants et, dans la vie, je crois qu'il n'y a rien de plus triste que de voir un enfant pleurer.

Ça m'arrache le cœur.

Alya a l'âge de mes jumeaux ; je sais comment lui parler.

Elle aussi s'est repliée dans une voiture – place avant droite. Sa tante est là, telle une gardienne de portière bienveillante. J'ouvre la portière et m'assois à ses pieds. Je suis maintenant cachée, recroquevillée dans la voiture. Cet espace confiné me convient bien. Je peux chuchoter. Et c'est tant mieux, car ma voix n'est pas en capacité de donner plus que quelques murmures.

« Tu te souviens, je suis Caroline. Je suis le docteur. Tu sais que ton petit frère est tombé dans la piscine

– Oui, je sais.

– Tu sais que, quand on tombe dans une piscine et qu'on ne sait pas nager, eh bien, l'eau rentre dans les poumons. Et les poumons, ça sert à respirer.

– Ah oui, ça je sais. Je sais que les poumons, ça sert à respirer, me dit-elle fièrement.

– Et tu sais aussi que, quand les poumons sont pleins d'eau, eh bien, ça les empêche de fonctionner. Et si les poumons ne fonctionnent plus, ça fait arrêter le cœur.

– Oui. Oui, ça aussi je le sais.

– Et si le cœur s'arrête, eh bien, le cerveau aussi, et on est mort.

– Ah oui, ça je sais aussi. Quand le cœur s'arrête, on est mort.

– Alya, le cœur de ton petit frère s'est arrêté.

– Ah. »

Quelques secondes plus tard, elle fait le lien dans sa tête d'enfant et se met à pleurer en me disant : « Mais alors, mon petit frère, il est mort ?

– Oui, mon petit chat. Ton petit frère, il est mort. Il ne bougera plus, ne parlera plus. Il est mort. Je suis désolée. C'est très triste et tout le monde est triste. Même moi je suis triste et je pleure aussi. »

Elle arrête de pleurer. Alors, on parle toutes les deux. Elle me raconte qu'elle a des photos de son frère dans son téléphone. Elle aimerait lui faire un dessin pour le jour de son enterrement.

Je l'écoute. Je la rassure. Je lui explique aussi que ce n'est la faute de personne et que c'est comme ça. Que peut-être dans les prochains jours elle sera en colère et que c'est normal. Que maman et papa sont tristes mais qu'un jour, c'est sûr, ils arriveront à sourire à nouveau. Mais ça va prendre du temps, et surtout elle ne doit pas croire que c'est sa faute à elle si ses parents sont tristes.

Et puis elle me regarde et me pose une question qui va me transpercer le cœur et que je n'oublierai jamais :

« Dis, tu en sauves des fois des enfants qui tombent dans les piscines ? »

Comment lui dire que c'est mon premier enfant noyé...

Je lui dis que oui, des fois ça arrive, mais pas souvent.

Et au fond de moi je pense que c'est bien pour ça que je n'ai pas de piscine, et aucun de mes collègues urgentistes non plus. Pas plus que de trampoline, d'ailleurs.

« Des fois, quand on voit l'enfant tomber dans l'eau, on arrive à le sauver. Ça va très vite, tu sais, de remplir les poumons avec de l'eau. Mais là, pour ton petit frère, il est resté trop longtemps et on n'a pas pu le sauver. Ce n'est la faute de personne et surtout pas la tienne. »

On parle encore un peu toutes les deux.

Arrive alors le moment pour les parents d'aller voir leur bébé.

Je les accompagnerai avec beaucoup de pudeur et de discrétion, à l'abri des regards de tous.

Après tout ça, je rassemblerai les équipes, pompiers et SMUR, pour recueillir le ressenti de chacun, expliquer la prise en charge et certains choix, mettre des mots, remercier, et les inviter à prendre soin les uns des autres et à se regrouper pour discuter entre eux.

Voilà, les papiers sont faits.

On appelle la régulation pour dire qu'on repart, qu'on va rouler doucement et s'arrêter au McDo pour prendre à manger.

Dans la voiture, c'est dur. Les larmes coulent pour Géraldine et moi.

Eude me dit : « Tu sais, dans leur malheur, ils sont tombés sur toi, et ça, c'est une grande chance. »

Je crois que rien ne pouvait me toucher davantage que ces mots-là. Je pleure encore plus. De grosses larmes roulent.

Au McDo, on décide de ne pas passer au *drive* et de descendre de voiture.

Je sais qu'il est important qu'on s'accorde un moment entre nous autour d'une boisson et d'un peu de nourriture. C'est un sas de décompression nécessaire. Après ce qu'on vient de vivre, on ne peut pas passer outre, sous peine de perdre pied.

Dans la salle, un monsieur s'approche de moi et me demande si je suis bien Caroline Brémaud.

Comme je lui confirme que c'est bien moi, il me dit :

« Vous m'avez pris en charge il y a trois ans. J'ai toujours voulu vous remercier.

– Ah, mais oui ! Je suis heureuse de vous voir. On parlait justement de vous avec Valérie, la pompier, la semaine dernière. Je l'ai revue dans le cadre de mes fonctions auprès des pompiers et on s'est remémoré cette intervention où je suis arrivée dans votre ferme en robe d'été… »

Ce jour-là j'étais dans le coin et les pompiers m'avaient déclenchée sur cette intervention car aucun médecin SMUR n'était disponible. J'étais arrivée dans cette ferme où ce monsieur venait de se faire écraser par un big bag, un sac de stockage de six cents kilos. En robe d'été rose, j'avais dû enlever mes bracelets et attacher mes cheveux, avant de m'atteler à la tâche. Étant donné ma tenue peu orthodoxe, l'infirmière s'était sentie obligée de dire à la femme de ce monsieur que je n'en avais peut-être pas l'air, mais que j'étais médecin. Celle-ci lui avait répondu : « Je n'en doute pas. On voit qu'elle sait ce qu'elle fait. »

Un cadeau, cette rencontre au McDo. Exactement ce dont j'avais besoin pour remonter en selle.

Merci.

12

Un plâtre, cinq agrafes

Les patients nous suivent. Eux ou leur fantôme. Parfois leur famille.

Nous sommes nombreux à modifier nos comportements au quotidien en souvenir de nos patients. Ils font de nous ce que nous sommes. Ils nous aident à garder l'envie de donner, de soigner.

Cependant, nous ne fonctionnons pas tous de la même façon.

Ce soir, le téléphone sonne sur la permanence des soins, le 116 117. C'est ce numéro que les patients appellent après 20 heures ou le week-end lorsque le cabinet de leur médecin traitant est fermé et que le problème qu'ils rencontrent ne nécessite pas un passage aux Urgences. Là, un ou une ARM prend leur nom et leurs coordonnées, leur demande le motif de leur appel et leur passe le médecin régulateur de garde. Selon les besoins, celui-ci transmet une ordonnance dans une pharmacie, donne un conseil au patient ou l'oriente vers l'un des huit médecins de garde du département pour un rendez-vous.

Cette fois, il s'agit d'une maman qui souhaite avoir un médecin au téléphone afin d'obtenir un arrêt de travail pour son fils de trente ans. Ce monsieur a perdu son fils de deux ans il y a trois semaines et ne se sent pas encore apte à reprendre le travail. L'ARM passe l'appel au médecin régulateur qui répond à son interlocutrice que ce n'est pas de son ressort, que son fils doit voir ça avec son médecin traitant. Sauf que le médecin traitant de ce monsieur est en vacances et que le médecin traitant de cette maman ne veut pas faire l'arrêt de travail, sous prétexte que son fils n'est pas son patient. En dernier recours, c'est la secrétaire du cabinet médical qui a conseillé à cette dame d'appeler le 116 117 à partir de 20 heures.

Et voilà, on tourne en rond.

Pourquoi ? Parce que les médecins sont contrôlés par les médecins-conseils de la Sécurité sociale et qu'aucun d'eux ne tient à voir gonfler ses statistiques de prescriptions d'arrêts de travail.

C'est Charlène qui a pris l'appel de cette dame. Charlène est l'ARM qui a décroché pour Léandre, ce qu'elle ne m'a révélé que bien plus tard. C'est elle aussi qui a reçu l'appel quand j'ai découvert mon fils Morgan couvert de sang en pleine nuit dans son lit. Et c'est encore Charlène qui a décroché lorsque ma maman a fait son AVC. Autant dire qu'entre Charlène et moi il y a ce que l'on pourrait appeler une connexion particulière.

Charlène est restée en ligne. Elle a entendu l'histoire de cette dame et a reconnu Ezio, ce petit garçon qui s'est noyé. Alors quand le médecin a raccroché, elle a repris la dame en ligne et lui a demandé si elle disposait d'un moyen de transport car elle a peut-être une solution pour son fils.

Et cette solution, c'est moi.

« Caro, me dit-elle, le papa d'Ezio ne se sent pas de reprendre le travail demain. Mais aucun médecin ne veut lui faire sa feuille d'arrêt de travail. »

Elle me fait ses petits yeux tout doux, mais sait déjà quelle va être ma réaction. Elle me connaît par cœur. Évidemment que je vais le lui faire, son arrêt de travail. Que cette dame vienne tout de suite.

La mamie d'Ezio, je l'ai vue sur place, lors de notre intervention.

Depuis, c'est elle qui héberge la grande sœur d'Ezio, ses parents n'étant pas en mesure de s'occuper d'elle. Elle me donne des nouvelles des uns et des autres et, au cours de la vingtaine de minutes que nous passons toutes les deux, on découvre que nous allons partir en vacances au même endroit, en Vendée, ce qui nous fait sourire.

Elle quitte l'hôpital un peu soulagée d'avoir trouvé une solution pour son fils.

Quant à moi, je suis en colère. Je suis déçue du genre humain.

Il me semble totalement inconcevable qu'on puisse refuser une demande comme celle de cette dame quand il est pourtant si facile et si évident d'y répondre favorablement. Qui, dans un cas comme celui-ci, peut oser répondre : « Débrouillez-vous, ce n'est pas mon problème » ? Qui pourrait aller travailler trois semaines après avoir perdu son bébé de deux ans ? Qui ?

Je ne comprends plus grand-chose au système de santé tel qu'il est en train de devenir. Tout est fait pour valoriser la transaction financière au détriment de la relation humaine. Le paiement à l'acte est l'une des causes de cette dérive, mais ce n'est pas la seule ; les objectifs fixés par la Sécurité sociale y contribuent eux aussi énormément. La Rosp, « rémunération sur objectif de santé publique », qui vise à limiter les abus de prescription et à promouvoir la prévention – ce que j'applaudis des deux mains –, a cependant pour conséquence malheureuse de mettre les médecins en concurrence, ce qui tend à placer le patient au second plan. Au bout du compte, malgré des intentions louables, cette politique aboutit à une déshumanisation des soins, j'en suis persuadée.

Je suis fatiguée. J'en ai marre. Vivement les vacances !

Alors, pour retrouver la positive attitude, je repense à mes plus beaux moments de médecine.

Car il arrive que nos patients illuminent nos journées, qu'ils nous réchauffent le cœur. Par exemple, le jour où une maman est venue aux Urgences avec son enfant qui se plaignait de douleurs à l'avant-bras.

Ronan, ce petit garçon de dix ans, était suivi à l'USISEA, l'unité de soins intensifs psy pour enfants et adolescents. Cet après-midi-là, il avait fait une crise d'agitation dans le bus et son éducateur avait été obligé de le contenir physiquement, à la fois pour sa sécurité et pour celle des autres passagers. Malheureusement, dans le feu de l'action, le petit bras de Ronan avait fait les frais de cette contrainte.

Et à présent, il était là avec sa maman et des douleurs au bras gauche.

Lorsque je vais le chercher en salle d'attente, j'ai lu sa feuille d'admission et je connais ses antécédents. Je m'accroupis face à lui et on discute.

Il est calme. Moi, je suis tranquille. Il y a du monde, mais pas trop. Et puis de toute façon, peu importe, il va falloir prendre le temps.

Alors on parle, lui et moi. On parle de ce qu'il aime et je lui parle de moi. Je lui dis que j'ai des enfants, que j'aime bien jouer avec eux.

J'ai un stylo licorne rose poilu dans les cheveux, des chaussures avec un chat dessiné dessus et un stéthoscope rose. Un badge avec mon prénom. Ç'a l'air de lui plaire de me voir avec tous mes accessoires, alors il commence à sourire.

Il me dit : « J'aime pas les hôpitaux. J'aime pas attendre et ça me fait peur. Et quand j'ai peur, je m'énerve vite, et des fois je fais n'importe quoi. Mais toi, t'es drôle. »

Je lui demande alors de me raconter ce qui s'est passé.

« Je me suis énervé un peu trop, je crois. J'aurais pas dû. Mais je le fais pas exprès, tu sais.

– Je sais bien, mon lapin. Ça arrive. Maintenant, on va devoir aller faire une petite photo de ton bras. Tu vas voir, c'est rigolo. La machine, elle est ÉNORME. Elle fait de la lumière et elle voit à travers ton bras. Mais ça fait comme une photo en vrai. Et en plus, maman peut rester avec toi tout le temps. Ça va être super cool. Tu es OK ? Tu te sens capable de rester calme et de tourner ton bras pour faire deux photos ?

– Oui, ça va aller », me dit-il.

Sa maman me regarde, soulagée.

« On va venir vous chercher. Ou non, mieux. Tu sais quoi ? si tu veux, je t'accompagne moi-même.

– Oui ! s'exclame-t-il.

– Super. Alors je reviens quand la dame de la radio est prête. »

Quelques minutes plus tard, je suis de retour avec le bon de radio et j'accompagne mon petit protégé avec sa maman. J'ai pris soin de prévenir la manipulatrice radio d'être douce et de me laisser parler, car le contact avec un nouvel adulte est difficile pour Ronan.

On y va de bon cœur. On rigole sur le chemin.

On fait la radio ; moi avec un tablier de plomb, lui avec le sourire. Puis il retourne dans la salle d'attente avec sa maman.

Quant à moi, je vais à mon bureau analyser la radio.

Aïe ! Mauvaise nouvelle. C'est cassé et pas qu'un peu. Double fracture de l'avant-bras. Il va falloir plâtrer, et plâtrer au-dessus du coude, qui plus est.

La maman m'a prévenue en aparté que, si c'était cassé, Ronan allait avoir du mal à supporter le plâtre. Sans parler de l'intervention elle-même qui serait certainement source d'une grande agitation pour son fils, la moindre contrainte s'apparentant chez lui à une torture. Eh bien, non seulement il a droit au plâtre, mais en plus au modèle XXL.

Je retourne en salle d'attente et me remets accroupie devant lui.

« Ronan, lui dis-je, j'ai regardé la photo. Tu sais que tu as mal et que tu ne peux pas bouger le bras du tout ?

– Oui. J'ai mal, mais quand je bouge pas, ça va en fait.

– Eh bien moi, je sais pourquoi tu as mal et je vais t'aider à garder ton bras immobile.

– Ah oui ?

– Mais oui, mon chaton, j'ai un truc super pour faire faire la statue à ton bras ! En fait, à l'intérieur de ton bras, il y a deux os et ils sont cassés tous les deux. C'est pour ça que tu as mal. Alors on va mettre dessus un plâtre. Tu vas voir, c'est rigolo, tu vas pouvoir écrire dessus ! Il faudra le garder un peu.

– Un jour ou deux ?

– Non. Quelques semaines.

– Ouh là ! C'est beaucoup !

– Oui et non, car tu ne pourras pas débarrasser la table pendant tout ce temps-là, donc c'est cool.

– Ah oui, c'est trop cool, ça !

– Alors on y va ? On va te mettre ce super plâtre rigolo ?

– On y va !

– C'est parti. On va en salle de plâtre ! »

Une fois installé dans le box, je lui propose de respirer dans un petit masque pour rigoler encore plus, le temps qu'on touche un peu à son bras. Il s'agit en réalité du gaz que l'on utilise pour déconnecter un peu les enfants qui doivent subir des soins douloureux.

« Allez, oui ! Du gaz pour rigoler, c'est une bonne idée ! »

Il est d'accord pour tout.

Je prends le temps de lui expliquer chaque geste, chaque changement de salle, de lui présenter chaque nouvelle personne qui participe à ses soins, car, pour Ronan, la moindre nouveauté est source d'angoisse sévère.

Et lui et moi, on reste ensemble à chaque étape. Je lui parle, je le préviens avant de le toucher et lui explique tout. Il a confiance en moi, alors je respecte cette confiance et je lui dis tout, toute la vérité.

Chaque fois, je sens sa maman anticiper une réaction de rejet. Chaque fois, je la vois se détendre quand elle constate que Ronan coopère. Elle est à la fois impressionnée et très fière de son fils.

Ç'aura pris une heure.

Et pendant cette heure, pas une larme, pas un cri.

Quelques inquiétudes certes, mais le plus souvent des sourires, beaucoup de discussions, beaucoup d'explications. Et au moment de nous dire au revoir, la maman me regarde, émue.

« Merci, Caroline, me dit-elle. Vous êtes un ange.

– C'est normal, madame. C'est juste normal. J'ai fait mon métier. Il faut parfois savoir prendre le temps. »

Ronan m'a fait un check de sa main valide et ils sont partis.

J'étais juste heureuse. Heureuse et fière. Heureuse et reconnaissante envers la vie d'avoir mis ce petit bonhomme sur mon chemin. C'est pour lui et pour ces moments-là que j'ai fait médecine.

Et ce même jour, je serai gâtée une deuxième fois sur ma garde en la personne d'Hugo, un enfant autiste, amené cette fois par son éducateur.

Hugo est plus frêle, plus fin que Ronan. Il a participé à une bataille d'eau et a glissé dans les escaliers. Résultat : plaie du cuir chevelu, quatre à cinq centimètres derrière la tête, assez profond.

L'enfant ne parle pas, il émet quelques sons. Il est installé sur un brancard et est terrorisé.

Je lui souris pendant que je recueille les infos des circonstances auprès de son éducateur. Il me regarde fixement. Manifestement, il se méfie. Alors je me présente et lui parle.

Et là, je me souviens de mes vacances à l'Alpe-d'Huez, en tant qu'animatrice dans une colonie pour déficients intellectuels adultes.

Au cours d'une randonnée en montagne, une jeune femme trisomique refusait de faire un pas de plus. Pourtant il allait bien falloir rentrer. J'essaie plusieurs techniques. Rien ne fonctionne. Quand tout à coup, sans que je sache pourquoi, je me mets à chanter.

Et quelle chanson ! La première qui me vienne à l'esprit c'est *Vanina*, de Dave.

Vanina, rappelle-toi
Que je ne suis rien sans toi
Vanina, si tu m'oublies
Je serai pour la vie
Seul au monde
Au monde, monde, monde, monde, monde...

Je chante, elle marche. J'arrête de chanter, elle arrête de marcher.

Alors je chante et on rentre à la base. Elle avec le sourire, moi essoufflée.

Pour prendre en charge Hugo, je décide d'user du même stratagème.

On a beau être en plein été, je ne trouve rien de mieux que *Petit Papa Noël*. Pourquoi ? Je n'en ai aucune idée. Mais ça marche.

Hugo se détend.

Alors, je m'approche de lui et lui présente le masque vert pour gonfler les ballons. Comme pour Ronan, il s'agit là encore du gaz hilarant.

Il accepte le masque.

Je m'assois derrière lui en chantant et pose mes mains sur ses bras.

Tout mon matériel est prêt.

Je l'informe qu'il pleut et que la petite pluie tombe partout sur sa tête – c'est de l'anesthésie en spray.

Je commence à le bercer en chantant placée juste derrière lui. L'éducateur tient le masque et chante un peu, lui aussi.

Petit Papa Noël
Quand tu descendras du ciel
Avec des jouets par milliers
N'oublie pas mon petit soulier...

À un moment, je sens le corps d'Hugo se faire plus lourd, alors je dégaine mon agrafeuse. Je lui pose cinq agrafes à la vitesse de l'éclair. Et lorsque son corps se raidit à nouveau, j'arrête tout.

J'aurais bien posé une agrafe supplémentaire mais ç'aurait été l'agrafe de trop. La cicatrice sera peut-être moins jolie mais tant pis, je crois qu'il est plus important de garder la paix à l'intérieur d'Hugo.

Je m'arrête de le bercer, cesse tout contact physique. L'éducateur lâche le masque.

Je repasse devant Hugo et lui souris.

« Ça va, Hugo ? Tu vas pouvoir rentrer chez toi avec ton éducateur. C'est fini, ton histoire de bobo. »

Il est content.

« Wouah ! s'exclame son éducateur. C'est la première fois que ça se passe bien, me dit-il. Vous serez là pour le retrait des agrafes, la semaine prochaine ?

– Oui, mais de nuit.

– OK. On verra alors. Mais merci, docteur. Merci pour lui, ajoute-t-il avant de partir. C'était incroyable. »

Il est minuit et demi. J'ai fini.

La journée a été intense mais je suis bien. Les deux petits d'aujourd'hui m'ont redonné l'envie de faire ce métier envers et contre tout.

Je me sens galvanisée.

Je crois que ces deux interventions resteront parmi les plus beaux moments de médecine de ma carrière. C'est pourtant juste un plâtre et cinq agrafes. Mais c'est la médecine que j'aime, celle que je voudrais pouvoir exercer tous les jours. Celle où le temps et la relation humaine font partie du soin. Celle où la différence est respectée.

La vraie médecine, en somme.

La médecine pour laquelle j'ai récité mon serment d'Hippocrate avec des sanglots dans la voix.

Et parfois, quand je suis fatiguée, que je suis pleine de doutes, je repense à ces enfants et à cette garde magique. Je repense à la joie et à la reconnaissance dans les yeux de cette maman et de cet éducateur. Et je me dis que, pour eux, toujours je me battrai.

On ne peut pas abandonner. C'est pour ces patients-là que je fais ce métier. C'est pour ces moments-là.

Un petit peu de douceur et d'humanité.

13

Je ne marche pas, je vole

Il y a vingt ans, quasiment jour pour jour, j'étais reçue à mon concours de médecine.

À l'époque, je travaillais en Ehpad comme aide-soignante et faisais les horaires de coupe : 9 h/13 h, 16 h/21 h. Le matin, ma première tâche était de passer de chambre en chambre pour la toilette de plusieurs dames. J'avais été assez soulagée d'apprendre qu'il n'y avait aucun homme à mon étage. J'aurais évidemment effectué mon travail avec la même prévenance mais j'avoue que faire la toilette intime d'un homme quand on a vingt-trois ans, ça me paraissait quelque peu stressant.

Moi et ma crainte des hommes…

Cette matinée de juin 2004 est passée vite.

Les résultats tombaient à midi. Et à midi pile, je me suis soudain sentie fébrile.

Mon portable était soigneusement rangé au fond de mon sac, au vestiaire. Les autres savaient et moi, je devais attendre.

Les autres savaient et moi, j'étais occupée depuis déjà

plusieurs minutes à faire déjeuner une résidente. Ou, pour être exacte, à tourner son assiette.

Peu affamée, cette vieille dame prélevait invariablement le même endroit de son assiette. Au début, ça allait, les bouchées étaient normales. Mais bien vite, si l'on n'y prenait pas garde, c'est une fourchette vide qu'elle portait à sa bouche. Pour faire en sorte qu'elle mange suffisamment, il était donc indispensable de tourner régulièrement son assiette. Et ce en toute discrétion, sans quoi, n'appréciant pas du tout cette irruption intempestive dans l'intimité de son repas, elle exprimait sa révolte en attaquant la main intrusive à coups de fourchette, au cri de « Salope ! ».

J'aimais beaucoup cette dame. Certaines collègues, usées par le travail, me disaient un peu blasées : « Oui, ce n'est pas agréable. Mais faut pas le prendre pour soi. » Moi, avec ma bonne humeur et l'insouciance de ma jeunesse, je trouvais ça plutôt drôle et c'en était devenu un jeu : ne pas se faire attaquer par la fourchette tueuse tout en faisant en sorte que cette dame mange le contenu de son assiette.

C'est donc en esquivant une fourchette et en comptant le nombre de « salope » que j'essaie d'oublier le temps qui me sépare du verdict.

12 h 58. Délivrée, je me précipite au vestiaire.

Plusieurs messages ; c'est plutôt bon signe.

La réception à l'intérieur du bâtiment n'étant pas terrible, je sors m'installer dans ma voiture pour les consulter.

Le premier message est celui de ma marraine de deuxième année. Elle m'apprend qu'elle vient de prendre connaissance des résultats et me félicite pour mon succès.

Soudain, toute la tension accumulée ces dernières heures, ces derniers jours vole en éclats.

Rendez-vous compte : nous étions 936 étudiants en première année et je faisais partie des 144 admis en deuxième année.

J'exulte !

Seule dans ma voiture, je pleure de joie. Je crie, je tape des pieds et des mains. Une vraie gamine.

Mais c'est tellement bon, la joie.

Le stress retombe. Tous les sacrifices font sens.

Avant d'appeler mes parents pour les prévenir, je consulte mes autres messages.

Le suivant est celui d'une journaliste de France 2 qui me rappelle que je dois impérativement lui donner les résultats afin qu'elle les souffle dans l'oreillette de la présentatrice du JT.

Eh oui, déjà à l'époque j'étais sur les écrans. J'avais été choisie pour représenter les élèves de première année de médecine pour un reportage dans le *13 heures* de France 2. Une petite équipe était venue chez moi une journée complète à la fin de l'automne.

Ce jour-là, ça n'avait pas été très productif côté révisions.

Les journalistes vous disent : « On vous suit, on vous filme, faites comme si on n'était pas là. »

Tu parles.

Tu refais les prises trois fois. « Là, ce serait bien qu'on vous voie en train de parler à un étudiant au sujet du *numerus clausus*… » « Et là, si on pouvait vous entendre vous exprimer au sujet du nombre d'heures de révisions, du nombre d'heures de sommeil… »

Bref, des heures de rushs pour cinq minutes de résultat.

Sauf qu'entre le tournage et le montage du sujet un Boeing 737 s'était écrasé à Charm el-Cheikh, en Égypte. Face à cette actualité brûlante, la diffusion d'un reportage sur les étudiants en médecine et leurs préoccupations n'avait plus vraiment lieu d'être.

Finalement, à quelques jours des résultats, le sujet était revenu dans l'actualité. Du coup, quoi de mieux qu'un reportage sur une étudiante en médecine, suivi de l'annonce en direct de ses résultats au concours ?

Personnellement, moi, quand je vois ce genre de choses à la télé, je n'y crois pas. Ça fait truc arrangé. Comme par hasard, la nana qu'ils suivent réussit le concours… Mais là, non. C'était moi, c'était ma vie. C'était pour de vrai !

Je rappelle la journaliste et, comme convenu avec elle trois jours plus tôt, je lui communique mes résultats. Elle me félicite à son tour, et je démarre en direction du domicile des parents d'un copain où j'ai prévu de regarder le JT.

Lorsque j'arrive, ils sont déjà installés dans le salon devant leur télé.

Je m'isole quelques instants pour appeler mes parents et leur annoncer la bonne nouvelle. Ils sont heureux mais pas tellement surpris. Un peu pudiques aussi, je pense. Un peu trop émus, très certainement.

Je prends place dans le salon avec mon copain et ses parents. Le reportage commence. Beaucoup de scènes coupées, des séquences avec d'autres étudiants. C'est pas mal.

Retour plateau. « Bonne nouvelle pour Caroline, on apprend à l'instant qu'elle vient d'être reçue à son concours de médecine. »

Aujourd'hui encore, la voix de la journaliste résonne dans ma tête. Et en écrivant ces lignes, les larmes me viennent. Ici commence ma nouvelle vie. Et quelle vie ! À ce moment-là, j'étais à des années-lumière d'imaginer que je deviendrais urgentiste et militante.

Petite, je rêvais d'être vétérinaire. Comme beaucoup d'enfants, me direz-vous. Mais ce rêve est vite devenu réalité puisque, dès l'adolescence et durant la moitié de mes vacances, j'ai travaillé chez un vétérinaire de Vernoil-le-Fourrier, dans le Maine-et-Loire, à vingt-cinq minutes de chez mes parents. Ce qui a débuté avec un stage de troisième est devenu un travail récurrent qui m'a occupée durant cinq ans. Je faisais un peu de tout, dans ce cabinet : le ménage, remplir les fiches de suivi des animaux, répondre au téléphone, trier les médicaments dans la pharmacie en fonction des dates de péremption. Et puis, au fil des années, j'ai appris à développer des radios, à faire des injections intraveineuses, sous-cutanées, intramusculaires. J'ai aussi appris à suturer ; ce qui fait que, quand je suis arrivée en médecine et qu'on m'a demandé si j'avais déjà suturé, j'ai répondu : « Jamais un être humain. » Cependant, les gestes restent les mêmes ; la peau reste de la peau.

J'ai aussi soulevé la queue des vaches pour faire des prélèvements sanguins. On piquait une des grosses veines qui se trouvent à cet endroit. Ça faisait *clac !*, on prélevait un peu de sang et on passait à la vache suivante.

J'ai également participé aux vêlages et aidé le vétérinaire sur des césariennes. Ça reste des moments inoubliables.

Il m'est même arrivé d'intervenir seule. Un soir, alors que le vétérinaire et sa femme étaient partis en vacances et que je gardais leur maison, des clients sont venus sonner à la porte. Leur bouvier bernois avait traversé une baie vitrée et l'une de ses pattes était en piteux état. J'ai donc pris en charge ce gros chien qui saignait abondamment et risquait de faire une hémorragie. Un à un, j'ai retiré tous les bouts de verre restés coincés dans ses coussinets et il est reparti en claudiquant avec un gros bandage. Apparemment, ça allait, mais j'ai tout de même recommandé à ses maîtres d'aller consulter un vrai véto dès le lendemain.

J'ai toujours eu un bon feeling avec les animaux. Le vétérinaire me disait d'ailleurs très souvent qu'il aimait travailler avec moi parce que j'avais le don de les apaiser. Dès que je vois un chien ou un chat, je ne peux m'empêcher d'aller lui faire un câlin. J'en suis gaga.

Après mon bac, j'ai fait une prépa vétérinaire. Mais, contre toute attente, je n'ai pas été reçue au concours d'admission. Ça s'est joué à pas grand-chose ; j'étais la première sur la liste des élèves repêchables en cas de désistement. Mais, bien évidemment, de désistement, il n'y en a eu aucun.

En revanche, dire que j'étais déçue serait mentir. Quelque temps auparavant, il s'était passé un événement qui m'avait fait reconsidérer mon choix professionnel.

Alors que j'étais chez le vétérinaire et sa femme, une de leurs amies est venue leur rendre visite avec son petit garçon. Tout naturellement je me suis accroupie pour dire bonjour à cet enfant et il s'est aussitôt jeté dans mes bras. Les trois adultes debout autour de nous en restèrent bouche bée, ce qui ne manqua pas de me surprendre.

« Mon fils est autiste, m'apprit la maman. À part avec quelques rares personnes, il refuse tout contact. »

J'en ai été profondément touchée. Au point que, dans les jours qui ont suivi, je me suis demandé si je n'avais pas plutôt envie de travailler dans le domaine de l'autisme.

Et voilà, après deux ans de prépa et une première année de médecine, je venais d'être reçue à mon concours. Et comme l'info était passée au journal de 13 heures, je n'eus même pas besoin de griller mon petit forfait de l'époque pour prévenir ma famille et mes amis. Mes parents avaient vendu la mèche ; lorsque la bonne nouvelle était tombée, tout le monde avait les yeux rivés à son petit écran.

La joie. La joie et encore la joie.

Des appels, des messages de félicitations, des larmes de joie, encore, encore et encore plus.

Ce n'est pas possible de pleurer autant de joie.

Plus rien d'autre ne compte.

Plus rien ne semble important. Je vis joie, je respire joie, je pleure joie.

À 15 h 30, je n'ai pas vu le temps passer ; le moment est venu de retourner travailler.

Je ne marche pas, je vole.

La terre ne me porte plus.

Le repas du soir avec mes résidents va avoir pour moi un goût de repas de noces.

14

La dame

En tant que médecins, l'une de nos missions est de former les jeunes. Qu'ils soient externes (toujours en école de médecine) ou internes (au terme de six années d'études essentiellement théoriques), nous leur proposons des cours lors de leur stage à l'hôpital.

Chaque médecin aborde les thématiques qu'il souhaite. Pour ma part, j'enseigne les urgences urologiques, un domaine que j'ai travaillé avec les urologues de la polyclinique de Laval. La torsion du testicule, la colique néphrétique, l'hématurie (la présence de sang dans les urines) sont autant de grandes urgences urologiques que les futurs médecins seront amenés à rencontrer s'ils travaillent aux Urgences.

Je fais également cours sur la personne âgée aux Urgences ainsi que sur la prise en charge des soins palliatifs. Ce cours vient en complément de celui proposé à tous les internes par l'hôpital, lequel porte sur l'activité de l'équipe mobile de soins palliatifs, la loi Leonetti, la prise en compte de la douleur physique, psychique… Pour ma part, j'aborde le sujet de façon beaucoup plus pratico-pratique : lorsque tu es interne de garde et que tu es appelé pour un patient en fin de vie, tu fais quoi ? Comment mettre la morphine, l'Hypnovel, quel dosage, comment l'administrer… Je propose des réponses de terrain immédiatement applicables.

À ces thématiques et à quelques autres, s'ajoute depuis peu un cours que j'ai intitulé « Gestion des émotions aux Urgences ».

Quand mes collègues médecins ont découvert cet intitulé, ils se sont tout de suite dit qu'il n'y avait que Caroline Brémaud pour faire cours sur ce sujet. Et ils avaient raison.

Pour le travailler, je me suis basée sur mon expérience personnelle de médecin urgentiste face à des situations difficiles. Mais également sur mon expérience de professeur en sciences humaines.

De ma seconde troisième année de médecine jusqu'à ma sixième année, j'ai enseigné en binôme cette matière aux étudiants de deuxième et troisième année à la fac de Tours. Mes cours avaient lieu tous les quinze jours, ce qui est assez intense lorsqu'on est soi-même étudiante. D'autant que j'avais à cœur de bien préparer mes interventions. Mon objectif était de sortir les étudiants de la vision étriquée qu'ils peuvent avoir de la médecine. La médecine est un domaine où il y a tellement de connaissances à ingurgiter qu'on peut vite devenir un robot. Beaucoup d'étudiants arrêtent le sport, les loisirs, les sorties… Ils arrêtent tout simplement de vivre pour se consacrer exclusivement à leurs études. Or, si tu arrêtes de vivre, tu n'es plus un être humain. Et si tu n'es plus un être humain, tu ne fais pas de la bonne médecine. Afin d'éviter ce piège de la déshumanisation, j'orientais mes jeunes collègues vers la littérature et l'art en général.

Très tôt je me suis intéressée aux sciences humaines. La fac de Tours était très investie sur le sujet et cette matière représentait 20 % de la note en première année de médecine. Je participais également au « Café sciences humaines » organisé par les deuxième année. Là, autour d'un café, on échangeait sur les thèmes éthiques et médicaux qui nous plaisaient et que l'on souhaitait aborder. Venait qui voulait ; aussi bien les étudiants que les profs. Parmi ceux-ci était parfois présent notre professeur d'anatomie, Stéphane Velut, un neurochirurgien très investi dans la philosophie médicale, auteur de nombreux ouvrages dans la collection « Tracts » des éditions Gallimard, et qui fut, lui aussi, convoqué au Sénat.

Dès ma seconde année, j'ai repris l'organisation du « Café sciences humaines ». Lors de temps forts, j'invitais des praticiens pour des conférences. Nous avons entendu Martin Winkler sur le thème « Peut-on former de bons médecins ? », ou encore Stéphane Velut sur celui du corps objet, à la suite de la parution de son excellent livre *L'Illusoire Perfection du soin. Essai sur le système*, en 2004. J'ai aussi invité une troupe de théâtre qui proposait une représentation sur la fin de vie, pour évoquer les soins palliatifs.

J'ai toujours pris le temps de réfléchir sur ces sujets, de faire un pas de côté, d'être critique tout autant sur mon savoir-faire que sur mon savoir-être. J'estimais avoir le droit de m'opposer à un professeur lorsque ce qu'il m'enseignait me dérangeait éthiquement ou moralement.

Heureusement, la façon d'enseigner a évolué. Je me souviens qu'un de mes professeurs nous racontait que, lorsqu'il était jeune, il faisait faire un toucher vaginal à ses étudiants sur une femme en anesthésie loco-régionale. Elle ne sentait rien, était cachée derrière un drap, mais il n'empêche, même sans contexte sexuel, il n'était pas acceptable qu'à tour de rôle cinq ou six étudiants lui enfoncent les doigts dans le vagin. Et pourtant, ça ne posait alors de problème à personne – sauf peut-être à la patiente, mais qui s'en souciait ?

De nos jours, la vigilance vis-à-vis des agressions médicales s'est encore accrue. Tout acte technique requiert un consentement et celui-ci est tracé dans le dossier médical du patient. Chaque étudiant a le devoir de se présenter et de recueillir le consentement du patient avant la réalisation d'un geste. D'ailleurs, la faculté de médecine tend vers l'objectif « jamais une première fois sur le patient » et développe tant que faire se peut des laboratoires de simulation. C'est une prise de conscience majeure dans le respect de l'intégrité des corps.

Dans le domaine de la médecine, notre rapport au corps est à ce point particulier que, si l'on ne s'interroge pas régulièrement sur notre pratique, si l'on n'est pas vigilant en permanence, la dérive est facile. À aucun moment on ne doit oublier que, derrière un problème de santé, il y a un patient avec son propre corps, son intégrité physique et ses émotions. D'où la nécessité de ne jamais sombrer, même avec la forte charge de travail qui nous est imposée, dans une forme de déshumanisation qui peut conduire à des gestes s'apparentant à de la maltraitance. On s'est par exemple rendu compte il y a quelques années que ne serait-ce que déplacer une personne âgée ou un patient sur un brancard sans le prévenir est une forme de maltraitance. C'est le cas également de certains actes médicaux qui peuvent être perçus comme des agressions s'ils ne sont pas expliqués et n'ont pas fait l'objet d'une approbation éclairée de la part du patient.

Grâce à mon implication dans le champ des sciences humaines, j'ai eu l'occasion de participer à l'écriture de l'*ABCDaire d'éthique médicale*, un ouvrage collectif édité en 2009 aux éditions Ellipses. Lorsqu'on m'a proposé cette collaboration, je n'étais encore qu'une étudiante, alors que les autres contributeurs étaient quasiment tous professeurs ; imaginez ma joie et ma fierté. Me basant sur mon séjour à l'Alpe-d'Huez avec des déficients intellectuels adultes, j'ai écrit un texte sur le thème du *jeu* et apporté des éléments de réflexion sur notre rapport au corps et notre représentation de soi, faisant référence à des auteurs et des personnalités qui ont abordé ce thème : Éric-Emmanuel Schmitt, Roger Caillois, Mère Teresa.

Cet ouvrage propose différents sujets qui me permettent, lors de mon cours sur la gestion des émotions aux Urgences, de parler de la façon dont on se voit en tant que soignant et de la façon dont les autres nous voient.

J'entame mon cours en disant aux étudiants qu'on leur a sans doute appris que les émotions restent dans la blouse et que la blouse reste dans le vestiaire lorsqu'on rentre chez soi. C'est une façon de se protéger. Or, j'ai la certitude que c'est parfaitement contre-productif. À force de ne jamais dire à personne ce qu'on ressent, de se composer un masque d'invulnérabilité, notre sac à émotions se remplit et on finit par craquer.

« Il faut accepter l'émotion, apprendre à l'accueillir, la recevoir, la respecter et la traiter », leur dis-je. D'après les études et les articles que j'ai pu lire au sujet du stress post-traumatique ou du stress au travail, plutôt que de refouler ses émotions, il vaut beaucoup mieux aller boire un verre (même sans alcool) avec ses collègues, se retrouver entre pairs, s'ouvrir à eux et les écouter. C'est la cohésion d'une équipe qui permet d'aller bien. Dans les films américains, on voit souvent les flics se retrouver dans un bar, toujours le même, et décompresser avant de rentrer chez eux. Nous, on a l'internat, un endroit où on écrit sur les murs, où on rit, où on se défoule. C'est cathartique.

Par mes lectures et selon ma propre expérience, j'en suis persuadée : lorsqu'on vient de vivre un moment fort émotionnellement, il faut prendre le temps de s'asseoir, de boire et de manger. On a besoin de cette convivialité, on a besoin de se relâcher, de lâcher prise. Certes, tout le temps du soin, la bonne attitude est de prendre sur soi, ne rien laisser paraître ; l'émotion étant du côté du patient et de sa famille. Mais, une fois libéré de cette contrainte, pourquoi ignorer ses émotions comme si elles n'avaient jamais existé ?

Pour illustrer mon propos, je raconte aux étudiants la fois où un monsieur de cinquante ans est arrivé aux Urgences en détresse respiratoire. Il était atteint d'un cancer sans espoir de guérison – sauf que, pour nous médecins, ça ne fait pas bien de dire : « sans espoir de guérison », alors on dit : « au stade palliatif » (ça change tout, non ?). Il ne pouvait plus parler, mais il m'a fait un geste sans équivoque me signifiant qu'il refusait le masque et l'intubation. J'ai alors fait venir sa famille. Celle-ci estimant qu'il ne voulait plus se battre, qu'il avait fait ce qu'il avait à faire dans sa vie, on a entrepris des soins d'accompagnement de fin de vie. Avec mon équipe, nous l'avons installé aux lits-portes, l'Unité d'hospitalisation de courte durée (UHCD), où il est mort quelques jours plus tard.

Contrairement à ce que pensaient mes équipes lorsque j'ai pris la tête du service, les Urgences peuvent être un bon endroit pour accompagner les personnes en fin de vie. Les paramédicaux se sont formés aux soins palliatifs et se sont rendu compte qu'ils faisaient très bien ce travail, et que celui-ci était valorisant pour eux.

Deux jours après la prise en charge de ce monsieur, je suis passée aux Urgences alors que je n'étais pas de garde. Sachant que ses enfants étaient là, je suis entrée dans la chambre pour dire bonjour et prendre des nouvelles. Je ne me souviens plus de ce que nous nous sommes dit, mais soudain l'émotion m'a envahie.

« Je suis désolée, je pleure alors que c'est votre papa, me suis-je aussitôt excusée. Je n'ai pas à vous voler votre tristesse. Mais c'était plus fort que moi, je n'ai pas réussi à retenir mes larmes.

– Ce n'est pas grave, docteur, aujourd'hui vous n'avez pas la blouse », m'ont-ils répondu.

J'ai trouvé que leurs mots étaient une très belle façon de me réconforter.

Plus tard, après le décès de leur père, ils m'ont adressé une jolie lettre que j'ai gardée dans ma boîte à souvenirs.

Cela démontre que, parfois, lorsqu'on laisse aller ses émotions devant un patient et sa famille, cela peut être tout à fait à propos. Tout dépend du contexte et des circonstances. Et j'en suis convaincue, ce lâcher-prise nous permet de mieux faire notre travail.

Comme je le raconte aussi à mes étudiants, j'en ai été moi-même témoin en tant que patiente lorsque j'ai appelé mon médecin traitant, Sylvie Deslandes-Michel, pour lui apprendre ce qui était arrivé à mon fils Léandre. Au téléphone, j'ai entendu qu'elle pleurait, alors que cette femme était réputée pour son sacré caractère – ce qui impressionnait beaucoup ses patients. J'avoue que ses larmes m'ont fait du bien. Je n'ai pas pensé un seul instant qu'elle avait un moment de faiblesse, qu'elle craquait alors qu'elle n'aurait pas dû. Au contraire, je me suis dit : « Je compte pour elle, j'ai de la valeur à ses yeux. »

Par la suite, le docteur Deslandes-Michel a décidé qu'elle verrait Léandre une fois par mois et, même si ce n'était pas nécessaire, j'avais toujours plaisir à me rendre à son cabinet. J'oubliais alors que j'étais médecin ; j'étais une maman avec son enfant, ce qui me faisait un bien fou. Ma confiance en elle était totale. Et cette confiance, elle l'avait gagnée à l'instant où je l'avais entendue pleurer au téléphone.

Des larmes, les internes en versent eux aussi durant l'heure et demie que nous passons ensemble.

Lorsque je leur demande de me raconter des événements traumatisants, comme la première fois où ils ont dû annoncer un décès, ou leur premier massage cardiaque, en général, au premier tour de table, tout le monde va bien ; personne n'a rien à dire. Jusqu'au moment où l'un d'eux se lance. Et alors là, les langues se délient. Tout à coup, tous avouent avoir vécu un épisode qui les a marqués et dont ils ont encore du mal à se remettre.

Mon conseil est toujours le même : « Osez dire ces choses à des gens qui vous comprennent, qui savent de quoi vous parlez. Vous verrez que c'est accueilli avec bienveillance. Et, un jour, ce sera à votre tour de recevoir ces paroles, d'accompagner et de rassurer un collègue. Surtout, gardez cette humanité lorsque vous serez médecin généraliste ; refouler ses émotions, c'est prendre le chemin de la déshumanisation du soin. »

Alors qu'ils sont en septième année de médecine, jamais personne ne leur a parlé comme ça, m'assurent-ils. Pourtant, cette aptitude à nous émouvoir est salutaire, indispensable. Perdre la capacité d'être triste, c'est aussi perdre celle d'être heureux, de s'émerveiller. Ce qui serait dommage, reconnaissons-le.

Un autre exemple que je donne à mes étudiants est celui de cette dame qui a marqué pour toujours ma vie de médecin.

Un soir de garde aux Urgences, alors que j'étais interne en fin de cursus de médecine générale et pas encore consciente que j'allais devenir médecin urgentiste, arrive avec son mari cette dame de cinquante-cinq ans, elle aussi atteinte d'un cancer du poumon sans espoir de guérison.

Elle crache un peu de sang, mais cependant sa préoccupation principale reste le menu du lendemain qu'elle va offrir à ses enfants qui arrivent de Paris. Elle n'a qu'une seule envie : rentrer chez elle.

Comme son état est stable, que ses crachats sont tout petits et que son taux d'hémoglobine est bon, mon senior de garde qui l'a prise en charge et moi, trouvant l'histoire de cette maman touchante, concluons que le plus important est qu'elle rentre chez elle. De toute façon, quand bien même son état s'aggraverait, nous ne réaliserions aucun geste de réanimation. Autant lui faire plaisir.

Nous la laissons donc repartir avec son mari et continuons notre garde.

Il est alors 4 heures du matin et le flux de patients commence à se calmer. Mon chef va se coucher. Quant à moi, j'ai envie de faire pipi et j'ai faim.

Avec l'équipe, bien que quelques personnes attendent encore, on décide de faire une petite pause, car la faim et la soif n'aident pas à avoir les idées claires, surtout à cette heure avancée de la nuit. Et en bons soignants fatigués, on râle sur les patients qui, contrairement à ce que leur nom pourrait laisser penser, ne le sont pas du tout.

« Il n'y a qu'en cas de grosse urgence vitale, comme dans les films, qu'ils arrêtent de la ramener et prennent leur mal en patience », dis-je, très contente de moi, alors que nous nous installons en salle de pause. Et d'ajouter : « Une bonne hémoptysie au milieu du sas et on n'entendra plus personne se plaindre. »

On mange, on rit. Un quart d'heure vient à peine de s'écouler quand l'agent de la bulle (l'espace vitré de l'accueil) arrive soudain, en panique : « La dame est revenue », nous lance-t-il.

Branle-bas de combat. Tout le monde se lève. Chacun a compris qui était *la dame* et ce qui était en train de se passer.

Certains courent vers l'accueil, d'autres vers le stock de brancards.

Je vois le mari entrer dans les Urgences en poussant sa femme sur le fauteuil roulant qu'il vient de récupérer dans le sas. Elle crache du sang, beaucoup de sang. Et tandis que mes collègues prennent le relais, elle lève les yeux vers son mari et je l'entends lui dire, rassemblant ses dernières forces : « Embrasse les enfants pour moi. »

Puis elle sombre à nouveau dans des effusions de sang. Le temps que je compose le code du déchocage, elle a perdu connaissance. Elle est en arrêt cardiaque.

On la place sur le brancard et on commence à masser.

Je prends le relais au massage pour permettre à mes collègues de se préparer.

Que de sang !

Je suis à califourchon sur elle et donne les ordres : « Coupe-lui ses vêtements. Mets le scope. Pose la perf. Prépare l'adrénaline. »

Et du sang, toujours du sang. Chaque fois que je masse, la patiente vomit du sang.

Je passe le relais à l'aide-soignante et appelle mon chef.

À ce moment-là, tous autant qu'on est, on a oublié que cette dame est au stade palliatif. On ne veut pas y penser.

Tout ce qu'on a en tête, c'est de la sauver. Elle ne peut pas mourir maintenant, ses enfants arrivent le lendemain pour le déjeuner…

L'aide-soignante ne se sent pas bien. Il y a trop de sang, elle manque de vomir.

Je la remplace.

Le mari s'adresse à mon chef qui vient d'arriver. Entre deux massages, je l'entends dire : « Je sais, je sais, mais sauvez-la, s'il vous plaît. Faites le maximum. Les enfants arrivent demain. On n'est pas prêts, on ne veut pas… »

Le réa nous rejoint pour l'intuber ; son fibroscope lui sera bien utile, car avec tout ce sang on n'y voit rien. Moi, j'en suis couverte. J'en ai sur les mains, les bras, les vêtements… Je continue néanmoins de masser, jusqu'au moment où je m'aperçois que la perfusion n'est toujours pas posée.

« Mais pourquoi ? Que se passe-t-il ? »

La réponse de l'infirmière me fige : « Elle est vide de sang. Je ne peux pas la perfuser, ses veines sont plates. J'y arrive pas. »

Je lui demande d'essayer ailleurs, sans quoi tout ce qu'on fait ne servira à rien.

Le réa a beau se débattre comme il peut, lui non plus n'arrive à rien.

Il me faut me rendre à l'évidence, tout espoir s'est envolé.

Je le regarde et lui dis : « On arrête ? C'est fini. »

Et c'est ce qu'on fait. Contraints et forcés face à tout ce sang répandu, on arrête.

Le réanimateur se rend auprès du mari et lui annonce le décès de sa femme.

Tout est soudain affreusement calme.

Tandis que je vais prendre une douche et passer des vêtements propres, l'équipe range et nettoie la salle. La dame est lavée et installée paisiblement dans un lit en attendant que ses enfants arrivent, eux qui sont en route et ne savent pas encore que leur maman n'est plus de ce monde.

Une fois changée, je retourne dans le flux, comme on dit.

Ce que j'ai raconté en riant quelques minutes plus tôt, lors de notre pause, est en train d'advenir. Les patients en salle d'attente étaient aux premières loges lorsque nous sommes passés en courant avec cette dame couverte de sang. Désormais, ils ont bien conscience qu'il serait malvenu de leur part de se plaindre de quoi que ce soit. À ma mine déconfite, ils n'osent même pas me demander si ça va, se contentant d'exposer avec pudeur le motif, pourtant légitime, de leur venue aux Urgences.

Lorsque, au petit matin, les enfants arrivent, l'équipe vient me chercher et m'apprend que c'est à moi d'annoncer le décès.

Comment ça, c'est à moi d'annoncer le décès ? ! Mais je ne suis que l'interne de garde, moi !

Certes, mais mon chef est parti se coucher et il leur a dit que je ferais ça très bien.

OK. Alors j'inspire profondément et j'entre dans le PC infirmier où on a installé la famille.

Ils sont tous là, le mari, les filles, les fils, la belle-fille. Tous, sauf elle. Elle qui allait être grand-mère.

Je les regarde à peine. J'ai les yeux rivés sur les cerises qui ornent ma paire de Crocs. Ça me donne le courage nécessaire pour affronter ce moment. J'explique aux enfants que leur maman est venue une première fois, que malgré tout elle allait bien et que, comme elle ne voulait pas rester, on l'a laissée sortir. Et puis dans la voiture, à cent mètres et quelque de l'hôpital, une artère des poumons s'est rompue… La tumeur est responsable de cette rupture. « Lorsque votre père est revenu aux Urgences avec elle, tout est allé très vite. On a fait le maximum pour la sauver mais on n'a pas réussi. Même si c'était arrivé ici, dans un box, ça n'aurait rien changé. Quand une artère pulmonaire se rompt, tout est fini en quelques minutes. »

Dans un nouvel effort pour ne pas craquer, je leur assure qu'elle n'a pas souffert et j'ajoute que ses dernières pensées ont été pour eux, ses enfants.

Intérieurement, je suffoque. Ils ont le même âge que moi, elle est enceinte, et ils viennent de perdre leur maman. J'ai envie de pleurer, mais je n'ai pas le droit de leur voler leur peine. Alors je ravale tout.

Je réponds à une ou deux questions et les laisse partager en famille l'horreur du moment, fondre en larmes dans les bras les uns des autres.

C'est alors que je sens une main se poser sur mon épaule. Celle du médecin du SMUR. L'équipe l'a prévenu et il est venu, au cas où. Il était là depuis le début, mais n'est pas intervenu, me laissant faire ma première annonce de décès non attendu.

« Tu t'es très bien débrouillée », me glisse-t-il une fois

que nous avons quitté la pièce. Et cela me soulage de savoir que, durant toutes ces minutes d'enfer, je n'étais pas seule, qu'il était là. Nous pourrons en reparler tous les deux si j'en ressens le besoin, car il a partagé ce moment avec moi.

Bientôt la fin de ma garde. Je n'ai pas fermé l'œil de la nuit et traîne dans les couloirs tel un zombie. Je suis perdue, rongée par la fatigue et par la peine. Minée par un sentiment d'échec.

L'équipe de nuit est partie. Place au jour. Place à un nouveau jour.

Aurélie, une infirmière, m'attrape par le bras et me conduit *manu militari* dans un box.

Elle se tourne vers moi et me dit : « Maintenant, pleure. Vas-y, lâche tout. »

Je m'effondre dans ses bras. C'est à la fois libérateur et douloureux. Je la serre fort contre moi et inonde sa tenue de larmes comme la dame a inondé la mienne de sang, quelques heures plus tôt. Je sens encore son odeur.

Enfin il est 8 h 30. Mon calvaire est terminé.

Lorsque je rentre chez moi, mes deux enfants sont réveillés. Je les embrasse en pleurant.

Le papa est là, lui aussi. Il me demande si ça va. Je lui réponds que non.

« Tu veux aller te coucher ?

– Non. Je ne pourrai pas dormir. Je vais me laver et on ira faire le marché. »

Plus tard, des copains arriveront, je cuisinerai et profiterai de chaque seconde que la vie a à m'offrir. Parce que j'ai la chance d'être en vie. Je tomberai d'épuisement à 22 h 30 pour sombrer dans un sommeil profond mais agité.

15

Perfusion sous plafond noir

Quatre heures du matin.

Je suis réveillée par l'un des jumeaux, que j'entends pleurer à l'étage. Je me lève, monte les escaliers et entre dans sa chambre. Sans allumer la lumière, je m'approche du lit qu'il partage avec son frère. Je prends Morgan dans mes bras et me rends compte qu'il est mouillé, mais sans aucune mauvaise odeur.

Aussitôt, c'est l'alerte. Toute maman sait qu'un bébé mouillé qui se réveille la nuit en pleurant sent mauvais (pipi, caca, vomi). Or, là, ce n'est pas le cas. L'urgentiste en formation que je suis prend le dessus sur la maman. À la faveur d'un rai de lumière je découvre que mon bébé de deux ans est couvert de sang. Il y en a sur son pyjama, dans son lit.

Je redescends les escaliers et file dans la salle de bains.

Morgan vomit. Il vomit du sang, puis de l'eau rosée, et encore du sang. Son regard est vide, il a le teint gris. Je le déshabille et cherche des marbrures sur ses genoux – signes d'hypoperfusion qui voudraient dire que son corps est en souffrance et concentre toute la circulation sanguine sur les organes nobles, dont la peau, comme les reins, ne fait pas partie. Je prends son pouls, son cœur est rapide. Je le sens partir, alors je le stimule un peu. J'essaie de rester calme, de me comporter en médecin, mais il me faut me rendre à l'évidence : je suis surtout une maman qui a peur.

Je réveille le papa.

« Ça ne va pas. Morgan vomit du sang, il est tachycarde. Il est gris. Ça ne va pas du tout… Je le conduis aux Urgences pédiatriques. »

Dans le brouillard de sa nuit, le papa a cependant la présence d'esprit d'appeler le 15 pour les prévenir de notre arrivée. Le médecin régulateur qui me prend en ligne me met aussitôt en garde : « Non, tu n'allonges pas cet enfant qui vomit dans un siège auto. Tu le gardes assis contre toi et tu ne bouges pas. On arrive avec l'équipe médicale pour vous prendre en charge. »

Mais oui, évidemment ! Que je suis bête : le vomi peut descendre dans ses poumons. Il risque l'inhalation.

La panique m'envahit soudain.

Le SMUR va arriver. C'est donc grave.

Réminiscence…

J'enfile un jean sur mon pyjama et on descend attendre dans le salon. Enfin, attendre… s'impatienter, devrais-je dire.

Je fais les cent pas.

Nous habitons à 800 m de l'hôpital. Qu'est-ce qu'ils font ? Pourquoi c'est si long ?

Enfin les voilà !

Te voilà !

Car c'est toi, Serge, mon ami, mon mentor, que je vois en premier. Je ne savais pas que tu étais de garde. Quel soulagement !

Nous sommes en septembre, je commence alors ma deuxième année de capacité de médecine d'urgence. Quand je ne travaille pas à mi-temps aux Urgences, j'étudie à l'hôpital Bichat, à Paris, et suis des stages dans différents services, comme au SAMU/SMUR de Laval. Je ne connais pas encore tout le monde. En revanche, toi, je te connais depuis des années. Notre amitié remonte à l'époque où tu étais infirmier et moi interne. Nous nous sommes perdus de vue quand tu es parti pour ta formation d'IADE. Mais en revenant de mon congé maternité, j'ai découvert avec plaisir que tu étais de retour à l'hôpital de Laval. Tu as acquis un savoir-faire en anesthésie dont tu me fais profiter. Tu m'emmènes au bloc opératoire, me conseilles sur les stages qu'il est pertinent que je suive. Ton exigence me tire vers le haut. Entre nous, c'est le compagnonnage dont tout jeune médecin peut rêver.

Alors, c'est peu dire que te voir entrer dans mon salon m'enlève un poids.

Tu me souris sans dire un mot.

Tandis que tu t'installes par terre comme tu peux, au pied du canapé où Morgan est toujours dans les bras de son papa, je m'adresse au docteur qui t'accompagne. Je lui relate les événements. Je suis stressée, j'ai peur.

Toi, tu parles doucement à Morgan, tu lui expliques ce que tu vas faire.

En revanche, comme la lumière du salon est tamisée et que le plafond est peint en noir, tu t'aperçois bien vite que ce n'est pas l'idéal pour poser une perfusion. Il te faut plus de lumière, alors Georges, l'ambulancier, sort son téléphone pour t'éclairer.

Tu prends les mains de mon petit, tu les observes. Tu les reposes. Tu les prends à nouveau, tu les scrutes consciencieusement. Je te vois sérieux et appliqué et pas franchement serein. Morgan est un bébé bien potelé. Deux ans, le bel âge pour les bêtises, mais l'âge redouté des IADE pour les perfusions.

Tu reposes ses mains. Je crains que tu n'abandonnes.

En signe d'encouragement, je ne trouve rien de mieux à dire que déjà, à la maternité, ils n'ont pas réussi à le piquer. Comme il était un petit peu jaune et qu'on craignait une jaunisse, dans le doute, n'arrivant pas à faire le prélèvement sanguin pour le diagnostic, Morgan avait eu droit à sa séance de lumière bleue.

Après coup, je me déteste d'avoir dit ça.

Heureusement, tu restes concentré. Tu regardes ta main en fronçant les sourcils. Tu reprends celle de mon bébé, tu places le garrot et tu palpes à nouveau le dessus de sa main.

À cet instant, je n'ai qu'une envie, aller te secouer et hurler : « Mais tu vas la poser, cette putain de perf ! »

Mais je ne dis rien. Je prends sur moi. Et toi, tu fermes les yeux…

Punaise, mon gosse vomit du sang, et lui, il ferme les yeux… J'hallucine.

À l'intérieur de moi, ça bouillonne.

Tu palpes encore, les yeux toujours clos. Et enfin tu poses cette perfusion tant attendue. Et du premier coup. Évidemment.

Je dois bien l'avouer, à partir de ce jour, tu es devenu mon IADE préféré. Aujourd'hui encore, lorsque je te regarde travailler, je ne peux m'empêcher d'admirer ton sang-froid, ta précision.

Par la suite, j'ai eu plusieurs fois l'occasion de t'entendre raconter cette intervention pas comme les autres. Et chaque fois j'ai pris plaisir à t'écouter la raconter de ton point de vue :

> J'étais posé, je dormais dans ma chambre de garde. Mon téléphone sonne. Il est 4 heures du matin. On sait très bien qu'une intervention SMUR à 4 heures du matin, c'est souvent plus grave qu'en journée. La nuit, les gens dorment, il se passe moins de choses. Donc une inter la nuit, c'est toujours du sérieux.
> « Serge, me dit Charlène, l'ARM, il y a une inter sur Laval. »
> Laval : deuxième critère de gravité. Laval pour Laval, si on sort, c'est que c'est grave, sinon on ferait rouler vite aux Urgences.
> « C'est pour un bébé de deux ans. Hémorragie digestive. »
> Là, plus de doute, c'est du sérieux. Je ne crois pas avoir jamais mis mes chaussures aussi vite ! Et je sais déjà que je ne prendrai pas le temps de tirer quelques taffes sur une cigarette comme j'en ai l'habitude avant de monter dans la voiture du SMUR. Et puis, coup de grâce de Charlène :
> « C'est le fils de Caro. »
> Au ton de sa voix, j'ai bien senti qu'elle était éprouvée. C'est à la suite de cette intervention que Charlène a révélé

à Caro que c'était déjà elle qui avait décroché l'appel de la nourrice pour Léandre, son fils aîné. Quant à moi, j'aime bien la pédiatrie, mais intervenir sur les enfants des collègues, pas trop.
On arrive chez Caro et sa famille en deux minutes.
Bon, bah, sans surprise, c'est beau. Belle maison de médecins, bien décorée. Sauf que, pour poser une perf dans un salon avec un plafond noir et une pauvre lumière tamisée dans un coin, accroche-toi. En plus, t'as trois paires d'yeux de docteurs qui te regardent. La pression… Forcément, à cet âge-là, il est tout potelé. Heureusement, il est calme. Au vu de la situation, ce calme est plus un critère de gravité qu'autre chose, mais, j'avoue, ça me facilite quand même la tâche.
Manque de bol, je ne trouve pas les veines.
Je ne peux pas ne pas réussir… Impossible. Alors je pose les mains du petit. Je repense à mes cours d'anatomie. Je me concentre et me recentre sur moi-même.
Caro ne trouve rien de mieux à dire que : « Il est dur à piquer. » *Oui, merci. J'ai bien remarqué.* Je ferme les yeux et là, je sens et je ressens que c'est tout bon.
Je pique.
Perf posée ; mission accomplie.

L'histoire de cette intervention fera le tour du service.
Contre toute attente, elle suscitera même le débat.
À quel propos ? La prise en charge de quelqu'un qu'on connaît.
L'ARM a-t-elle bien fait de préciser qu'il s'agissait de mon fils ?

Certains diront que non, car on doit pouvoir soigner tout le monde à tout instant. Ça ne change rien.

Ça ne change rien ? Vraiment ?

Le corps médical aime parfois se faire mousser et laisser croire qu'il est au-dessus du commun des mortels. C'est ainsi.

Moi, je trouve courageux et honnête de dire que ça fait quelque chose de soigner quelqu'un qu'on connaît. Ç'a été mon cas à plusieurs reprises.

Récemment, je suis intervenue sur un accident de voiture dans lequel j'ai tout de suite reconnu le petit frère d'amis très proches. Comme il n'était pas le passager le plus impacté, malgré une énorme plaie délabrante à la tête, il a fallu que je me fasse violence pour rester concentrée sur un jeune homme qui, lui, était dans un état autrement plus préoccupant. En rentrant de cette intervention, j'en ai pleuré.

Et puis moi aussi j'ai eu à intervenir sur le fils d'un collègue. Je sais combien c'est éprouvant. On doit absolument rester dans sa bulle, être focalisé uniquement sur le diagnostic, sur le geste technique. On a besoin d'être hors du champ de l'émotion. Celle-ci n'a pas sa place dans notre décision. Or, avec un patient qu'on connaît, surtout si l'on est sous le coup de la surprise, on pourrait vouloir faire mieux, vouloir faire plus.

Qui veut faire l'ange fait la bête : rarement la citation de Pascal a été aussi à propos.

Au moins, avant d'intervenir sur Morgan, Serge a-t-il eu le temps du trajet pour se faire à l'idée. J'imagine sa tête s'il m'avait découverte en entrant…

Morgan une fois perfusé, on peut partir à l'hôpital.

Serge met mon bébé dans mes bras et me couvre d'un gros gilet qui traînait sur le canapé. Il me soutient et m'installe avec lui dans l'ambulance. Il reste près de nous. Il me rassure.

Les constantes s'améliorent. On va aller en pédiatrie.

Malheureusement, Serge ne pourra pas rester. Comme après chaque sortie, il devra refaire son sac. Puis il sera appelé sur une autre intervention ; encore une maman qu'il connaît, encore un bébé impiquable… « Dites donc, les filles, vous aviez décidé de me tester, ou quoi ? »

Est-il besoin de préciser qu'il a réussi à poser la perfusion du premier coup ?

De notre côté, on attend l'avis du gastro de garde. On a le pousse-seringue de médicament qui fonctionne, alors Morgan va mieux. Pas d'anémie à la prise de sang.

Ouf ! pas de transfusion.

Mais mauvaise nouvelle : si la gastro-entérologue est d'accord pour lui faire la fibroscopie, l'anesthésiste, lui, ne veut pas l'endormir car il n'a pas trois ans. Il va falloir aller au CHU d'Angers. Bâtiment Robert-Debré. Le bâtiment des enfants.

Morgan va mieux. On part en transfert para-médicalisé avec l'IDE des Urgences (IDE de transfert), aux petits soins pour nous à l'arrière de l'ambulance.

Arrivés au CHU, nous sommes reçus par l'anesthésiste. Je le connais, c'est lui qui s'est occupé de Léandre. Il me reconnaît et prend de ses nouvelles. C'était il y a sept ans déjà, mais il ne nous a pas oubliés.

L'ORL a insisté pour venir avant la fibro car, pour lui, la probabilité d'un saignement de nez dégluti est la plus forte. J'ai beau dire que, vu la quantité de sang et la couleur, ça ne pouvait pas être ça, on ne veut rien savoir. Manifestement, un avis de maman presque urgentiste ne compte pas. Pas plus que celui d'une pédiatre mayennaise.

Évidemment, fibro nasale normale.

Morgan descend au bloc pour la fibro digestive.

Je reste dans la chambre. J'attends.

J'ai prévenu mon ami Karim, qui arrive avec des pâtisseries, un chargeur de téléphone et des écouteurs. Quel sauveur, ce Karim ! Et quel bonheur de le voir malgré les circonstances. Depuis qu'il habite Angers et qu'il a retrouvé l'amour de sa vie, on ne se voit plus beaucoup.

Aujourd'hui, il est là et c'est le principal. On papote, on rit un peu pour éviter de cogiter. On ne se le dit pas, mais on a peur du cancer.

On parle des enfants. On parle de nos amis communs. On se souvient de ceux qui ne sont plus là…

Pendant ce temps, Morgan dort. Une caméra d'endoscopie parcourt son tube digestif avec application.

De retour dans la chambre, mon fils ouvre un œil, me sourit et se rendort.

Verdict : je vois au sourire du médecin qu'il n'y a pas de quoi s'inquiéter. Pas de mauvaise nouvelle en perspective. En effet, c'est une irritation aspécifique de son estomac. En gros, on ne sait pas pourquoi il a fait ça. Je leur apprends que, dix jours auparavant, Morgan a fait une vilaine varicelle qui l'a empêché de manger. Bon, bah voilà, c'est ça ! C'est extrêmement rare, mais ça arrive. Une hémorragie digestive post-varicelle, il n'y a bien qu'un enfant de médecins pour faire un truc pareil.

On verra demain s'il mange.

S'il mange, on sort ; sinon, on reste.

Finalement, les pâtes carbo du lendemain midi ne résisteront pas à sa gourmandise.

Pour l'heure, faute de place ailleurs, nous passons la nuit en neurologie. Même au CHU les places d'hospitalisation sont chères.

Je me souviens de chaque centimètre carré de ce couloir. Ce soir, j'irai prendre ma douche. Pas besoin de m'expliquer, je connais le chemin. Je poserai machinalement la serviette sur mon épaule, en souvenir de ma vie de routier, quand il y a quelques années j'habitais ce service.

16

Moustiques et pluie magique

Il n'y a pas si longtemps, je me suis rendue en SMUR auprès d'une fillette de huit ans et demi, dans un parc d'attractions en intérieur, en périphérie de Laval. Lors d'un goûter d'anniversaire, la petite était mal retombée d'un jeu et s'était fracturé le coude. Comme l'enfant était très douloureuse, ni les adultes présents ni les pompiers arrivés quelques minutes avant nous ne pouvaient la déplacer. Laval étant une petite ville, je connaissais les parents qui recevaient et j'avais déjà croisé ceux de la fillette.

L'enfant, prénommée Louise, était allongée par terre sur le dos et, à voir sa petite mine, il n'était pas nécessaire d'avoir fait dix ans de médecine pour comprendre qu'elle était très angoissée. Je sus plus tard qu'elle avait un haut potentiel émotionnel et qu'elle s'était cassé les os de l'avant-bras dans le sud de la France, où la prise en charge n'avait pas été optimale. Au point qu'il avait fallu casser à nouveau les os et la réopérer. Autant dire que son rapport au monde hospitalier était pour le moins détérioré.

« Ne me touchez pas ! » hurle Louise dès qu'elle me voit.

J'adore les enfants. J'ai toujours su que je voulais être maman et, très tôt dans mes études de médecine, j'ai aimé m'occuper d'eux.

Pourquoi ? C'est simple, les enfants sont l'excuse facile, pratique et évidente à mon retour à l'enfance.

Pour les enfants, j'épingle un joli badge coloré à ma blouse avec mon prénom.

Pour les enfants, j'ai un stylo rigolo et un stéthoscope rose.

Pour les enfants, je porte un serre-tête de renne à Noël.

La bonne excuse, les enfants.

Je n'ai jamais quitté mon univers enfantin, ludique et coloré. Les patients ne sont qu'un prétexte. Tout comme mes propres enfants sont eux aussi un prétexte.

Ma maison est pleine de couleurs en permanence. On la décore à chaque occasion – anniversaires, Halloween, Noël… On se déguise, on chante, on danse. Les vitres sont barbouillées de dessins à la peinture. Non seulement c'est gai, mais ça m'évite d'avoir à les nettoyer. Des fleurs sont peintes sur les murs de la cuisine et des tableaux d'artistes aux couleurs éclatantes sont accrochés un peu partout.

C'est mon univers. Celui dans lequel je me sens bien et qui me correspond. L'univers que j'aimerais transporter partout avec moi.

Des collègues médecins sont allés jusqu'à me dire que j'étais une femme-enfant. Peut-être y voyaient-ils une forme d'immaturité, je ne sais pas. En tout cas, dans leur bouche, ça ne sonnait pas comme un compliment.

Et pourtant, porter sur le monde un regard enfantin, c'est continuer de voir ce qu'il y a de plus beau.

Personnellement, cela me permet de garder l'espoir d'un système de santé meilleur. C'est mon énergie, mon carburant pour me battre et militer.

Et, lorsque je porte secours à un enfant, je m'autorise toutes les postures, toutes les blagues. J'appartiens à leur monde ; je sais qu'entre eux et moi le courant va passer.

On va se comprendre.

Malgré les cris d'effroi de Louise, je m'allonge sur le ventre à côté d'elle, la tête au niveau de la sienne, et j'entreprends de la rassurer.

« Mais, Louise, regarde, je ne te touche pas. Je suis juste à côté de toi. On discute, en fait. Tu sais, je connais ta copine Philomène, je connais aussi ton papa, ta maman. »

Que n'ai-je pas dit là…

« Je veux ma maman », se met-elle à pleurer.

Celle-ci a été prévenue et doit arriver après être passée chez elle récupérer le doudou de sa fille.

Mon collègue IADE s'assoit à son tour près de l'enfant et essaie de lui prendre la main pour poser la perfusion. Mais, bien évidemment, c'est impossible.

« Tu me touches pas ! Je veux pas que tu me piques ! »

Rien que de le savoir assis à côté d'elle lui est insupportable.

Je lui fais signe de se décaler et je reprends notre conversation.

Voyant qu'il y a plein de ballons autour de nous, je lui demande si elle aime les ballons.

« Oui, me répond-elle.
– Est-ce que tu aimes gonfler les ballons ?
– Oui.
– Est-ce que tu veux souffler dans le petit masque ? lui dis-je alors, en désignant le masque au gaz hilarant.
– Je connais, moi, le petit masque, me répond la fillette. Mais je ne veux pas qu'on me pique et qu'on m'endorme.
– Mais non, on va gonfler des ballons, on va rigoler. Tiens, est-ce que ça te plairait de regarder un dessin animé ? dis-je en sortant mon téléphone.
– Non. J'aime pas les dessins animés ! »

Je me connecte néanmoins sur Netflix et fais défiler les programmes pour enfants.

« Oh, regarde, c'est bien ça, *Totally Spies!*
– C'est nul ! »

Je note cependant qu'elle s'intéresse et on finit par tomber sur un film qui trouve grâce à ses yeux. Enfin, au bout d'un quart d'heure, vingt minutes, on parvient à lui mettre le masque.

« Ça me gêne pour voir », me dit-elle.

Elle commence à se détendre ; c'est de bon augure.

Je fais signe à mon collègue IADE de revenir et j'anticipe la pose de la perfusion en caressant le dos de la main de Louise, là où il va la piquer. Puis, l'air de rien, on resserre le garrot qu'on avait placé un peu plus tôt autour de son bras. Et, pour la distraire le temps qu'on lui désinfecte la main avec le spray, je dis en rigolant : « Oh là là, il pleut, il fait froid. C'est la pluie magique ! » Après quoi, j'augmente le pourcentage de gaz. J'appuie sur le ballon pour intensifier la pression, *pshtt !*, et mon collègue lui pose la perfusion en un temps record sur le dos de la main.

« Aïe, euh… Tu m'as piquée, là ? s'étonne Louise.

– Mais qu'est-ce que c'est que ça ? Il y a des moustiques ! fais-je mine de m'indigner. C'est un scandale ! Appelez-moi le directeur ! »

Elle râle un peu, mais finalement, à force de plaisanter, ça passe, et on enlève le masque.

« Ouais, ben tu m'as mis la perfusion », dit-elle tandis que mon collègue lui administre la drogue pour l'endormir légèrement.

On parvient alors à lui soulever le bras et une fois celui-ci placé dans une attelle, j'appelle la régulation pour savoir si on doit emmener ma petite patiente directement au CHU d'Angers, afin qu'elle soit prise en charge par un chirurgien pédiatrique.

« Non, me répond mon collègue, vous revenez à l'hôpital et c'est l'équipe de transfert qui l'emmènera après qu'on aura fait la radio. »

Pour le confort de Marie, j'aurais préféré qu'on aille à Angers directement. Mais par manque d'effectifs, il n'est tout simplement pas envisageable de se priver d'une équipe SMUR sur le département.

Tant pis, retour à l'hôpital.

Comme elle est sous médicaments anesthésiants, on l'installe au déchocage, où je dispose du plateau avec tout le nécessaire au cas où il faudrait la scoper ou l'intuber.

Les parents sont là, eux aussi, avec le doudou. On équipe Louise avec le matériel de surveillance du déchocage. Puis je lui remets le masque pour qu'on puisse aller faire la radio.

Cela s'avère néanmoins un peu compliqué et je la shoote à nouveau. Louise souhaitant que je reste auprès d'elle, j'enfile le tablier de plomb censé me protéger des rayons.

Une fois en possession des images, je les envoie au chirurgien d'Angers et tente de l'appeler. En vain. Je tombe finalement sur une interne qui me dit qu'effectivement c'est bien eux qui doivent l'opérer, mais qu'ils n'ont pas de place pour le soir même, ni non plus pour l'accueillir, ce qui permettrait de lui mettre les antalgiques afin qu'elle soit opérée le lendemain matin de bonne heure.

Pour le coup, c'est une situation exceptionnelle ; d'habitude, le CHU d'Angers est en capacité d'accueillir un patient, de prendre en charge la douleur et de le préparer pour l'opération.

J'appelle alors l'ordonnancement de l'hôpital pour leur demander s'il est possible d'accueillir Louise en pédiatrie jusqu'à son transfert le lendemain matin. On me répond qu'il y a des places, il faut juste que j'appelle le pédiatre pour qu'il confirme. *OK, je le note.* Sauf que là, tout de suite, je dois courir en salle de coronarographie pour une urgence vitale. Quand enfin je suis en mesure de téléphoner au pédiatre, celui-ci m'informe qu'il y avait des places dans son service mais qu'entre-temps six enfants lui ont été confiés, quand il est en mesure d'en accueillir cinq.

Me voici donc au déchocage avec une petite fille pour laquelle je n'ai pas beaucoup de solutions. De plus, elle a face à elle un patient qui va être transféré au CHU d'Angers en réanimation médicale et à qui on pose des cathéters et tout un gros appareillage. Bien qu'un rideau sépare la salle en deux, toute cette agitation n'est pas très rassurante pour une enfant.

Les parents de Louise assistent au ballet du personnel qui s'active autour de ce monsieur. Ça s'agite également dans les couloirs, où les patients sont en nombre. Ils me voient m'absenter, revenir, m'absenter à nouveau. Ils constatent qu'on passe beaucoup de temps auprès de leur fille. Celle-ci n'étant pas transférée, il nous faut en effet lui faire une attelle plâtrée en remplacement de l'attelle posée un peu plus tôt dans le parc d'attractions.

Arrive alors Serge, mon collègue anesthésiste, mon binôme de choc pour la prise en charge des enfants. Il est affecté au bloc opératoire, mais profite d'un moment de creux pour me venir en aide.

Lorsqu'il s'approche de la petite, celle-ci hurle : « Je préfère Caro ! »

Pour la rassurer, il lui explique qu'il va mettre un médicament contre la douleur.

« Je veux pas que ça pique !

– Mais non, regarde la seringue, lui dit-il, il n'y a pas d'aiguille au bout. Tu vois le robinet ? Moi je vais juste ouvrir le robinet, mettre le produit dedans et refermer le robinet. »

Serge est adorable avec les enfants et le courant passe bien entre eux. Il fait rire Louise, lui tire la langue, lui demande qu'elle raconte des bêtises…

En revanche, la maman de Louise ne peut s'empêcher de reprendre sa fille. « Louise, on ne tire pas la langue, on ne parle pas comme ça. » Alors, en aparté, Serge lui explique qu'il a besoin qu'elle le laisse faire, qu'il doit endormir Louise pour qu'on puisse poser son plâtre, qu'il doit gagner sa confiance.

« Il faut que tout se passe le plus paisiblement possible, lui dit-il. Avec le jeu, ça va aller. On va l'endormir avec le médicament, mais je vais aussi utiliser quelques techniques d'hypnose. »

On baisse la lumière pour créer une ambiance plus propice au calme.

Pour ma part, je reste derrière lui et fais des grimaces, des oreilles de lapin. La petite se détend, elle accepte qu'on la touche, voit qu'on prépare des choses pour son plâtre. Serge et moi prenons le temps de lui expliquer ce qui va se passer et elle s'apaise.

Dans la perfusion, on passe le produit pour l'endormir et on se dépêche de faire le demi-plâtre qui maintiendra son bras jusqu'au lendemain.

Lorsqu'au bout d'une petite dizaine de minutes la fillette revient à elle, tout s'est passé remarquablement bien. Elle se plaint juste d'une légère douleur et de quelques nausées.

Louise passera la nuit aux lits-portes des Urgences adultes. Sa maman restera auprès d'elle et la fillette réussira à s'endormir. Le lendemain, c'est son papa qui prendra le relais pour le transfert à Angers.

Malgré les circonstances, je sais, grâce aux messages qu'ils m'ont envoyés par la suite, que Louise et ses parents garderont un bon souvenir – ou tout du moins pas trop désagréable – de leur passage aux Urgences de Laval. Bien que la fillette ait dû passer la nuit dans un lieu qui n'était pas adapté à son âge, nous avons su créer un environnement où elle s'est sentie bien.

Si l'on s'investit autant, mes collègues et moi, c'est justement pour que l'hôpital ne devienne jamais un dispensaire sans âme ni chaleur humaine. Tout particulièrement aux yeux des enfants. Voilà pourquoi nous avons tenu à rendre l'un des box traumato moins impressionnant pour les plus jeunes d'entre eux. Sur nos propres deniers, une cadre de santé et moi avons acheté un petit bureau et des chaises colorées, ainsi que des stickers d'animaux de la forêt, d'arbres et de champignons à coller sur les murs et un arc-en-ciel sorti de la trompe d'un gentil éléphant pour le plafond. Dans cette ambiance rappelant le jardin d'enfants, les bambins se sentent accueillis. Leur attention n'est plus uniquement focalisée sur le matériel et les soins médicaux. Et la prochaine fois qu'ils devront venir aux Urgences, ils sauront que cet endroit n'est pas un lieu si effrayant que ça et que nous, les blouses blanches, ne sommes pas de « vilaines personnes » ; ce qui simplifiera leur prise en charge.

17

Le sandwich du mercredi

À la naissance de Gautier, mon deuxième enfant, j'ai ressenti le besoin de profiter de lui aussi longtemps que possible. Après l'accident de Léandre, j'avais plus que jamais conscience que ces moments avec son bébé sont précieux. J'ai donc fait le choix de prendre deux disponibilités de six mois durant mon internat – sachant que seul le temps du congé maternité était rémunéré.

Puis, lorsque Gautier a eu quatre mois, j'ai saisi l'opportunité de faire un remplacement régulier tous les mercredis chez un médecin généraliste dans une commune proche de Laval. En travaillant ainsi un jour par semaine, je parvenais à obtenir un salaire d'interne sans garde. Un mercredi sur deux, Gautier était gardé par une tata et le mercredi suivant par ma maman. Le midi, je rentrais pour l'allaiter. Au bout de deux mois, mon bébé intégra la crèche et je retrouvais alors mon mari le temps d'un déjeuner au restaurant.

Cette organisation, qui convenait tout autant à Léandre et Gautier qu'à mon mari et moi-même, dura jusqu'à ce jour de novembre où il me fallut me rendre chez Mme B, une dame en hospitalisation à domicile, pour une prise en charge palliative d'un cancer généralisé.

Le confrère que je remplaçais lui avait déjà rendu visite l'avant-veille, mais manifestement elle avait besoin de voir à nouveau un médecin.

Par téléphone, il me fit une rapide présentation de la situation et m'avertit que cette dame était très demandeuse de soins et de temps. Selon lui, c'était une Tatie Danielle qui se mettait régulièrement à dos le personnel de l'HAD, l'hospitalisation à domicile, par son caractère bien trempé et son insatisfaction chronique.

« Peux-tu passer la voir sur ta pause déjeuner ? me demanda-t-il. Ça ne devrait pas être long. »

Dans la foulée, je proposai à mon mari qu'on trouve un restaurant plus près de mon travail que du sien, mais, cela n'étant pas possible pour lui, j'annulai notre pause commune pour me contenter d'un sandwich dans ma voiture.

Puis je me rendis à l'adresse de Mme B, un pavillon cossu des années 1980.

Je fus accueillie par une aide à domicile qui me conduisit dans la pièce principale. Celle-ci avait été transformée en chambre médicalisée pour les besoins de la patiente.

Je fis alors la connaissance de Mme B.

Mon confrère ne m'avait pas menti ; cette dame n'était pas la personne la plus chaleureuse qu'il m'ait été donné de rencontrer. Mais, me dis-je, si j'étais moi-même malade, sans doute ne serais-je pas non plus d'humeur égale. J'avais d'ailleurs connu une situation similaire avec Claire, une amie que j'avais accompagnée durant son cancer et sa récidive. Pour l'avoir vécu de très près, je savais que, derrière la colère du patient, se cache une grande détresse. Je pris donc sur moi d'écouter avec attention les propos de Mme B, ses requêtes, son histoire, ses doléances. De mon côté, je m'appliquais à parler doucement, à avoir une communication positive, afin de l'encourager dans cette voie.

Je n'eus pas l'impression de parvenir à mes fins, mais cependant, avant de modifier ses traitements et de prendre congé, je lui promis d'appeler l'HAD et de faire le point avec le personnel pour que, tous ensemble, nous réussissions à améliorer sa prise en charge à domicile.

Le soir, avant de quitter le cabinet, je lui passai un petit coup de fil pour lui faire part de l'entretien que j'avais eu un peu plus tôt avec l'équipe de l'HAD.

Elle ne dit que peu de mots, ne me remercia pas, mais conclut en me demandant si je pouvais revenir la semaine suivante, car, me dit-elle, elle ne souhaitait plus revoir mon confrère.

« Ça tombe bien, lui non plus ne veut plus vous voir », pensai-je en programmant une visite pour le mercredi suivant.

Entre elle et moi, ce fut le début d'une collaboration médecin-patiente presque amicale. Lorsque Mme B apprit que je prenais un sandwich dans ma voiture avant de lui rendre visite, elle me convia à venir le manger chez elle. Tout en déjeunant, je l'écoutais me parler de tout, de sa vie, de sa maladie, de ses joies, de ses peurs.

Lors de notre troisième rendez-vous, sentant que le lien que nous étions en train de créer était un peu hors norme, je crus bon de lui rappeler que mon remplacement ne durait que six mois, qu'il prenait fin le 30 avril.

Je la vis alors se replier brièvement sur elle-même. Puis elle se tourna vers moi et me regarda droit dans les yeux. « Très bien, Caroline, rappelez-moi de mourir juste avant, alors », dit-elle sans ciller.

Nous continuâmes à nous voir ainsi chaque mercredi midi. Mais jamais plus nous n'évoquâmes cette terrible échéance.

Mi-avril, alors que mon remplacement dans ce cabinet touchait à sa fin, je reçus un appel de sa fille. Elle me prévenait que l'état de sa maman se dégradait à vitesse grand V.

Quelques jours plus tard, Mme B était décédée.

Un courrier de sa main m'attendait sur la table de la salle à manger.

Ce jour-là, je sus avec certitude que je ne pourrais jamais faire de médecine générale ; je suis incapable de mettre la distance nécessaire entre les patients et moi. La juste distance qui permet d'entretenir une relation de confiance dans la durée sans empiéter ni sur ma vie personnelle ni sur mon état émotionnel.

La juste distance que je ne saurai jamais placer comme il faut, mais que je compense en étant médecin urgentiste. Un médecin qui ne revoit jamais ses patients.

Tout donner sans se poser de questions.

Tout donner, ne pas se retourner.

18

Corazón cobarde

Je sors de garde. Je pleure, comme souvent.

Non pas parce que j'aime bien me laver les yeux, comme disent parfois mes enfants, mais pour me libérer de ma tristesse face à ce monde en souffrance.

Je n'en peux plus de repartir chez moi en laissant tous ces gens dans le couloir.

Je n'en peux plus de dire bonjour à mon collègue du matin et de l'entendre me répondre que ça ne va pas, que cette situation le rend malade. Cette détresse dans sa voix ; ses tics nerveux sur son visage. Comment le réconforter ?

Je n'en peux plus de dire au revoir à une vieille dame que j'ai soignée dans la nuit et qui, elle, attend toujours sur un brancard, quand moi je vais retrouver mon lit.

Quel sens donner à une nuit passée à encaisser le regard accusateur des patients auxquels j'ai dit que j'avais trouvé un lit, mais qui, alors que le jour se lève, sont toujours dans le couloir à attendre.

À attendre quoi ?

Arrive un moment où on ne sait plus quoi leur dire. Quelle heure était-il la première fois que j'ai expliqué à ce monsieur qu'il fallait que l'équipe, là-haut, dans les étages, soit disponible pour l'accueillir ? À quel moment de la nuit ai-je demandé à cette dame de ne pas perdre patience et tenté de me justifier en lui expliquant que le tour du soir n'avance pas vite quand un seul binôme IDE/aide-soignant doit s'occuper de vingt-quatre patients ?

Le système de santé s'écroule, messieurs-dames !

Bienvenue au cœur de la plus grande tragédie du service public !

Vous avez de la chance, vous êtes aux premières loges ! Et ne vous tracassez pas, on peut surclasser les retardataires. Il y en aura pour tout le monde !

Comme si le chaos de ma nuit à l'hôpital ne suffisait pas, ce matin je pleure aussi pour apaiser la tristesse que j'éprouve à rentrer dans une maison vide, à retrouver un lit froid.

C'est dur d'avoir donné pendant toutes ces heures le meilleur de soi-même, d'avoir eu de la générosité dans les échanges avec les patients et de ne rien trouver en poussant la porte de sa maison.

Pas d'épaule réconfortante, pas de cris ni de bisous d'enfants.

Les quatre amours de ma vie sont chez leur papa pour le week-end.

Hier soir, l'un d'eux m'a appelée en larmes pendant ma garde. Il ne voulait pas y aller…

Chez moi, un trop-plein de tout, mêlé à la fatigue, fabrique des larmes. C'est comme ça, je n'y peux rien. Mais mes larmes sont aussi source de mots. Alors je déverse ma colère sur les réseaux sociaux. Encore une publication qui obtiendra des dizaines de milliers de vues.

C'est déjà ça !

En ce moment, à part ma cote de popularité médiatique, il n'y a pas grand-chose qui roule, dans ma vie.

Après quinze jours de douleurs atroces, je commence à oublier que mon corps peut ressentir autre chose que de la souffrance. *Spondylarthrite, quand tu nous tiens…* La mienne a élu domicile dans mon corps lorsque j'avais seize ans. Depuis, on se supporte plus ou moins bien.

Il y a peu, des plaques rouges sont apparues sur mon visage et mon cou. Ça ressemble de plus en plus à du psoriasis. *Joie !*

Côté cœur… On ne devrait aimer que ses enfants ! Voilà, c'est dit.

Pour ne pas oublier, j'ai fait tatouer en bonne place sur ma peau *corazón cobarde*. Ça veut dire « cœur lâche ».

Évidemment, le message ne m'est pas adressé… *No comment.*

On va mettre ça dans la poche, le mouchoir par-dessus, et avancer.

The show must go on.

Bon, il va tout de même falloir une grande poche. Mais c'est la mode des jeans larges ; les poches sont larges, elles aussi. *Nickel.*

Je crois que mon cerveau part en vrille. C'est souvent le cas quand je manque de sommeil.

Il est midi, je n'ai toujours rien avalé à part un bol de thé. Je pleure, je réfléchis, je me perds dans mes pensées en fixant ma fenêtre. Puis j'écris. Je laisse libre cours à ma plume, à mes souvenirs, mes colères, mes espoirs. Je me sens comme à côté de mon corps, complètement déphasée. Trop épuisée pour être capable de prendre la moindre décision, aussi simple soit-elle, comme aller me laver ou dormir.

C'est comme ça, la vie de soignant. On vit autant le jour que la nuit. Quand on est en repos, on mange un petit déjeuner à n'importe quelle heure de la journée, et quand on bosse, on mange quand on peut.

On dort quand les autres se baladent ; on travaille quand tout le monde dort ou fait la fête.

Une vie décousue, rythmée par le travail. On ne sait plus ce que veut dire : « C'est dimanche. » Tous les jours sont potentiellement des jours de boulot. Et toutes les nuits aussi.

Mais, au fond de moi, je dois bien l'admettre, j'aime ce rythme sans rythme, cette vie à part. Ça évite la routine ; moi qui n'aime pas me projeter.

Je vis au jour le jour et chaque jour est différent. Chaque jour apporte son lot de joies, de peines et de déceptions.

C'est juste qu'en ce moment les déceptions sont plus nombreuses que le reste.

Je me sens seule partout ; aussi bien à la maison qu'au travail. Seule face à ma fenêtre, devant mon bol de thé qui refroidit ; seule face à ce système de santé malade à en mourir. J'ai l'impression que mon combat est aussi désespéré que celui de David contre Goliath. Mais attention ! à la fin, c'est bien David qui terrasse Goliath. Et comme lui, j'ai bien l'intention de gagner.

Alors je m'accroche. Je ne lâche rien.

Oui, c'est vrai, ces derniers temps je peine à faire bonne figure. Mais ce n'est rien d'autre qu'un passage à vide, un moment difficile.

Je crois qu'il est grand temps que j'aille dormir.

Ça ira sûrement mieux après.

19

De chaque côté de la barricade

C'était un lundi de novembre. J'avais rendez-vous avec le directeur à 17 heures dans son bureau.

Le chef du SAMU et le chef de département (chargé de coordonner les missions administratives transversales Urgences-SAMU) étaient conviés, eux aussi.

J'étais stressée, ce qui est rarement le cas.

Le plus souvent, ça arrive lorsque j'ai la sensation de ne pas maîtriser la situation. Plus généralement, je ressens une certaine tension, mais sans aller jusqu'à dire que je suis stressée.

La veille de mes partiels de médecine, par exemple, j'éprouvais de la pression, mais ça allait. À 16 heures, j'avais refermé mes cahiers en disant : « Je suis prête. » Puis j'étais allée au cinéma voir *Les Choristes*.

En revanche, là, ce lundi après-midi, c'est incontestable : je suis stressée. Les mains moites, les pensées en boucle ; ça ne va pas fort.

Serge est de garde au SMUR. Je passe le voir en bas, à la pharmacie, et on discute. « Détends-toi, me dit-il, c'est juste du boulot. Te mets pas dans des états comme ça. »

Remarquant que je pleure, il me prend dans ses bras. « Allez, Caro, respire. » Au bout d'un moment, ça va mieux, alors il s'autorise à plaisanter.

« Tu t'es faite toute belle pour ton rendez-vous avec le directeur, je vois !

– Oui. J'aime autant être bien habillée quand je me fais virer ! »

On rit.

Avant d'aller retrouver Serge, j'ai vu Joachim, mon collègue médecin, ancien chef du SAMU. Il m'a donné plein de conseils

« Surtout, Caro, ne réponds rien. Reste calme et parle le moins possible. On ne peut pas te virer comme ça. Et en plus, si nous on dit qu'on n'est pas d'accord, ça ne pourra pas se faire. »

C'est donc vêtue d'une jupe courte et d'un décolleté plongeant et boostée par Serge et Joachim que je me présente à mon rendez-vous.

J'arrive la première et m'installe face à Sébastien Tréguenard, notre directeur.

Un grand sourire s'étale sur mon visage, histoire de donner le change.

Profitant du fait que la réunion n'a pas encore commencé, il me remercie et me félicite pour mon investissement lors de la dernière réunion de la Fihmu, la Fédération inter-hospitalière de médecine d'urgence. Lui-même n'y était pas, mais il en a eu des échos. À l'issue de celle-ci, une semaine plus tôt, il avait d'ailleurs pris le temps de m'appeler pour saluer ma participation, ce qui lui avait valu un taquet dont j'ai le secret. En effet, lors de cette réunion j'avais découvert qu'il avait envoyé aux deux autres chefs de service des Urgences de la Mayenne un mail qui ne m'était jamais parvenu.

Simple oubli ou début d'une mise à l'écart ? avais-je voulu savoir.

« Simple oubli », bien sûr.

On en est donc là, huit jours plus tard, tandis que les autres participants à cette réunion s'installent autour de la grande table ovale du bureau de notre directeur.

Le chef du SAMU et le chef de département prennent place à côté de moi. Tandis que le président de la commission médicale d'établissement, convié également, s'installe à sa gauche et qu'une jeune femme que je ne connais pas s'assoit à sa droite.

Alors que Sébastien Tréguenard, tout en me regardant, entame la réunion, je lui fais un petit signe de tête désignant cette jeune femme.

« Ah, oui, Caroline, vous avez raison, je ne vous ai pas présenté Séraphine. Séraphine est étudiante directrice. Sa présence vous dérange-t-elle ? »

Comme je lui réponds que non, il reprend là où il s'était arrêté.

Il semble avant tout soucieux de mettre en avant le travail qu'il mène pour remonter l'hôpital, les décisions parfois difficiles qu'il a dû prendre dans certains services. Il mentionne ce médecin qui s'est vu contraint de faire valoir ses droits à la retraite et ce collègue qui a été suspendu. À son initiative, d'autres réorganisations de ce type sont en cours dans notre hôpital.

Au fond de moi, je me dis : « Il joue à quoi ? Il cherche l'intimidation ? »

Je reste bien droite. Je le fixe sans cesser de lui sourire. Ce n'est nullement un effort ou une marque de moquerie de ma part, car contre toute attente, humainement, Sébastien Tréguenard est quelqu'un que j'apprécie. Il a su se montrer prévenant à mon égard dans des moments difficiles. C'est également quelqu'un de lettré, doté d'un humour très fin ; autant de qualités auxquelles je suis sensible. En revanche, si lui et moi avons la même ambition pour notre hôpital, nos contraintes respectives nous conduisent à mener des actions qui nous opposent. De la même façon que nous sommes chacun d'un côté de cette grande table de réunion, nous sommes régulièrement d'un côté et de l'autre de la barricade – pour utiliser une métaphore séditieuse.

Mes collègues l'écoutent solennellement, opinant à peine du chef.

« Vous n'êtes pas sans savoir que la Mayenne est dans le collimateur du ministère, poursuit-il. Et ce, pour de multiples raisons ; pas uniquement en ce qui concerne le fonctionnement de l'hôpital et des Urgences. »

À demi-mot, il évoque les associations de citoyens engagés, les politiciens locaux, très attentifs aux questions touchant à la santé, ainsi que ce médecin généraliste du nord-Mayenne qui occupe des responsabilités importantes dans un syndicat national.

Bref. Après ce préambule, le directeur aborde le sujet de l'audit sur le fonctionnement des Urgences mené en octobre 2021.

On est quand même en novembre 2023 ; ce n'est plus de la première fraîcheur, mais bon…

Dans cet audit, nous rappelle-t-il, il est écrit qu'il serait préférable d'avoir une chefferie unique, et que ce chef soit bi-appartenant. C'est-à-dire qu'il travaille et au SAMU et aux Urgences.

Voilà. *Chefferie unique* : le gros mot est lâché. On sait maintenant pourquoi on est là. L'objet de la réunion était : « réunion de travail sur les Urgences et le SAMU ». Si cet intitulé était plutôt flou, toute ambiguïté est désormais levée.

« Je suis décidé à poursuivre les préconisations de cet audit », nous dit-il.

Dans les faits, son souhait est de faire venir un médecin angevin pour prendre la tête d'un grand service Urgences-SAMU, ce qui aurait le mérite d'ajouter un praticien supplémentaire. Mais, manifestement, les Angevins ne se bousculent pas au portillon. « J'attends encore une réponse, mais sans grand espoir », ajoute-t-il.

S'ensuivent un petit peu de baratin et quelques formulations gentilles, parce que, bon, quand même, il nous aime bien et on bosse bien. Puis il en vient à son intention proprement dite ; celle qui a motivé la réunion du jour. Dans l'hypothèse fort probable où la réponse qu'il attend serait négative, son projet est de mettre à la tête de notre nouveau grand et unique service l'actuel chef de département. Ce dernier n'a pour l'heure aucun pouvoir décisionnaire au cœur même des services ; son rôle étant de coordonner les projets communs et de soutenir les chefs.

Auparavant, cette mission était dévolue à mon collègue Antho, lequel avait rendu son tablier un an plus tôt sans qu'on sache vraiment pourquoi. Soi-disant, il en avait marre, les choses n'avançaient pas assez vite et il était écœuré.

J'apprendrai par la suite que la vraie raison était qu'on lui avait demandé de prendre ce nouveau poste, mais qu'il avait refusé.

Le directeur m'avait alors appelée pour me dire que j'étais la femme de la situation. Compte tenu de mon engagement et de mon côté fédérateur, il ne voyait personne d'autre que moi pour prendre sa place. Évidemment, j'avais refusé. La chefferie unique n'était pas une bonne idée, en tout cas pas à ce moment-là. Cela impliquait une charge de travail beaucoup trop importante.

Le projet avait fait long feu et nous en étions restés au même mode de fonctionnement : un chef pour le SAMU, une cheffe pour les Urgences (moi) et un nouveau chef de département pour les missions transverses.

Entre-temps, les choses avaient évolué. Et, de sauveuse il y a un an, voilà qu'aujourd'hui j'étais démise de mes fonctions de cheffe de service. Car c'était irrévocable, à partir de maintenant, ça serait une chefferie unique. Point barre.

Sébastien Tréguenard ayant dit ce qu'il avait à dire, la parole nous revient. Et il choisit de la donner tout d'abord à *l'heureux élu* – ce qui m'arrange bien.

Mon collègue explique qu'il n'est pas pour la chefferie unique, mais que, sous certaines conditions, moyennant quelques reformulations, il peut être envisageable pour lui d'accepter de prendre le poste. Comme à son habitude, ses phrases sont compliquées, il se perd en circonvolutions et finit par nous perdre nous aussi.

Le directeur retient néanmoins qu'il est d'accord. S'il ne s'agit que de modifier quelques points de sémantique pour le satisfaire, il n'y voit aucun souci majeur.

Puis il se tourne vers le chef du SAMU, lequel a pris ses fonctions il y a environ deux ans.

Pour cet homme de quarante ans, pas de problème. S'il est question de changer l'affichage et de rester en appui au chef, ça lui va. Il veut bien continuer à faire le travail. Quand bien même il n'aurait plus ni le titre ni la paie, ni la reconnaissance qui vont avec, on peut compter sur lui : il sera là pour épauler le nouveau chef de département.

Si à cet instant il s'était tourné vers moi pour me demander ce que je pensais de sa position face à cette nouvelle donne, je n'aurais pas hésité une seconde à lui dire qu'il n'avait aucun amour-propre.

Et c'est enfin à mon tour de prendre la parole.

Le directeur est tendu, je le sens. Il appréhende ma réaction.

Plus tôt dans la réunion, à l'annonce du remaniement, j'avais pu remarquer qu'il n'était pas très à l'aise. Il ne regardait que moi, scrutait le moindre pli de mon visage comme s'il essayait de deviner mes émotions.

Mais peine perdue. Imperturbable, à aucun moment je ne m'étais départie de mon sourire de façade.

J'avais bien levé un sourcil en l'écoutant parler de l'audit réalisé par notre confrère d'Angers. Ce qui n'était certainement pas une surprise pour lui, puisque j'avais déjà eu l'occasion de lui faire part sans détours de mon point de vue sur cet audit qui, si je devais le résumer, n'est rien d'autre qu'une façon de nous expliquer, à nous, pauvres campagnards, comment mieux travailler. De plus, pour éviter tout conflit d'intérêts, j'estime qu'il aurait été préférable qu'il soit réalisé, comme il se doit, par un organisme extérieur, et non par une structure avec laquelle nous avons un lien direct, notamment en ce qui concerne notre organisation. Où est la neutralité dans tout ça ?

Mais passons.

Plus important à mes yeux est le but réel de cette réunion. N'a-t-elle pas été organisée à ma seule intention ? L'unique objectif de toute cette mise en scène n'est-il pas de me virer en empruntant des chemins détournés, l'air de rien, histoire de ne pas me fâcher, de ne pas me mettre en colère ?

Car il faut le savoir, ici on a un peu peur de moi.

Autant, à la maison, j'ai une autorité très relative sur mes enfants, autant, au travail, je leur donne des sueurs froides dès que j'ouvre la bouche. Et comme, quand je suis en colère, je déverse ma rage sur les réseaux sociaux, il va sans dire que j'ai plutôt face à moi des têtes déconfites que des sourires confiants.

Au moment de prendre la parole, je sens mes épaules se replier, mes genoux claquer sous la table.

Je pense à Serge et Joachim et j'inspire profondément.

« Eh bien, moi, je n'ai rien à dire. »

À ces mots, le directeur ouvre des yeux grands comme des soucoupes. Il est clair qu'il avait pensé à tout sauf à ça.

Je me contente d'ajouter : « Je vais faire part de cette décision à mes collègues, à mon équipe, et je rendrai mes conclusions ensuite. »

La stupéfaction est totale.

Comment ? Caroline Brémaud qui parle tout le temps se tait ? Serait-ce le calme avant la tempête ?

Ainsi se termine la réunion. Je regarde ma montre et me lève. « J'ai un impératif, leur dis-je. Je dois vous laisser. »

Je suis soulagée. Eux, beaucoup moins.

Le stress a changé de camp.

Ce n'est pas rien, ce qui vient de se passer. Et je ne suis pas mécontente d'avoir quitté la pièce sans en dire davantage, car je sens l'émotion m'envahir.

L'air de rien, on m'enlève mon bébé, mon cinquième enfant.

Je ne dirai pas que ce service des Urgences est toute ma vie, mais c'est tout de même une grande partie de celle-ci. Je lui consacre mon temps libre, il occupe mes pensées quotidiennes. Même en week-end, même en vacances, il est toujours quelque part dans un coin de ma tête.

Pendant le Covid, mes enfants m'ont dit un jour : « Il n'est pas au courant, le préfet, que c'est dimanche aujourd'hui ?

– Non, mes chatons, pour le préfet, il n'y a pas de dimanche, pas de jour férié. Et s'il a besoin de moi, eh bien, je suis là. »

Ce service, les personnes qui y travaillent, je les aime.

Je donnerais tout pour mes collègues et ils le savent. Je le leur ai prouvé à maintes reprises. Je crois être une cheffe proche de ses équipes – un peu trop proche, diront certains.

Parfois, je dis qu'ici il y a mon sang dans les murs.

J'y ai les plus beaux souvenirs de ma vie, qu'ils soient personnels ou professionnels : la naissance de mes quatre enfants, toutes ces vies sauvées, ces fous rires entre collègues, ces amitiés solides. Mais j'y ai aussi les pires moments de ma vie : ces patients qu'on n'a pas sauvés, mes larmes lors de la première fermeture des Urgences, l'AVC de ma maman, et, surtout, l'accident de mon petit Léandre.

Je sens qu'une partie de moi-même s'effondre. Je perds pied. Je suis triste et en colère.

Mes premières pensées vont à mon équipe paramédicale, puis aux patients.

Le sentiment qui prédomine est un sentiment d'injustice, teinté d'un soupçon de révolte.

Les jours suivants, j'irai discuter avec les médecins de mon service pour recueillir leur point de vue sur la chefferie unique et sur le fait que je garde ou non une place d'« adjointe ».

Ce qui m'aidera à prendre la décision finale de refuser ce poste, ce seront les mots du nouveau chef : « De toute façon, me dira-t-il, je ne sais même pas s'ils accepteraient que tu restes en gestion du service, même dans l'ombre. »

Allez ! Stop ! C'en est fini pour moi.

Je jette l'éponge. Ma tête est coupée.

Mon combat, je le mènerai autrement. En attendant, je continuerai à faire ce que je fais le mieux : soigner les gens envers et contre tout.

Après deux pages d'au revoir en tant que cheffe dans le cahier de transmission des paramédicaux, je rentre pleurer chez moi, le cœur lourd.

Mon éviction prendra effet un mois plus tard.

20

Quelque chose de grand

Samedi 9 décembre 2023.

Je me réveille doucement, comme à mon habitude.

Je n'aime pas le matin.

Avec mon travail, je ne peux pas avoir de rythme de sommeil : j'enchaîne vingt-quatre heures de garde d'affilée ; je termine aussi bien le matin de bonne heure qu'à minuit et demi ; je travaille de jour, je travaille de nuit… De ce fait, j'ai du mal à me coucher tôt.

Pendant l'année, il faut se lever chaque matin à 7 h 30 pour l'école. Alors le week-end, quand je ne travaille pas, je dors parfois jusqu'à 13 heures. *Mon petit plaisir.*

Mais, ce matin, ce n'est pas pareil. J'ai des choses à faire et je suis un peu tendue.

J'ai rendez-vous à 12 h 45 avec une députée qui a fait le déplacement depuis Paris pour venir à la manifestation devant l'hôpital, en soutien pour… moi.

Eh oui ! Depuis ma destitution, ça n'arrête pas.

Des messages arrivent de partout, de toute la France ! Des messages de soutien de soignants, de politiques, d'usagers et, bien sûr, de mes amis, de ma famille.

En fait, c'est l'émotion des gens, leur indignation aussi

qui m'ont réellement fait prendre conscience que ce que je vivais était beaucoup plus grave que ce que je pensais. Je n'avais pas compris à quel point c'était violent – et accessoirement pas franchement légal, mais je ne chercherai pas à aller plus loin.

C'est par exemple le syndicat SAMU-Urgences de France qui s'est indigné publiquement de l'outrage qui m'était fait. Ou encore les associations, collectifs et syndicats nationaux les plus importants en médecine d'urgence qui, pour la première fois, ont réussi à mettre de côté leurs désaccords pour signer tous ensemble un document commun. Un document commun pour moi, pour me soutenir !

J'en ai pleuré. Je ne mérite pas autant d'attention et, surtout, je n'ai pas l'habitude de recevoir autant de soutien et d'amour.

Je donne à ma famille, à mes amis, à mes patients, aux gens qui m'entourent, mais je suis toujours extrêmement embarrassée lorsqu'il s'agit de recevoir.

Je ne sais pas trop comment m'y prendre. Après tout, je ne suis pas quelqu'un d'important ; ce n'est pas grave si l'on ne s'occupe pas de moi ; je suis assez grande pour le faire toute seule.

Me voilà donc bien mal à l'aise, ce matin-là, avec cette manifestation.

Mais, en même temps, je suis super contente car c'est une occasion de plus de parler de la santé. À travers moi, c'est l'hôpital public que les manifestants vont venir défendre.

Des médias seront là. Le message sera diffusé, et c'est ce qui importe avant tout. Je suis porteuse d'un message et il en va de ma mission de le faire entendre au plus grand nombre.

Les gens croient en moi et me font confiance. Beaucoup se sont inquiétés de savoir si j'allais arrêter le combat ou quitter les Urgences de Laval. Évidemment non, bien au contraire. Je vais lutter encore plus fort.

Allez, c'est l'heure. Habille-toi. Trouve quelque chose de joli à mettre. Il ne faudrait surtout pas laisser croire à tes détracteurs qu'ils t'ont affaiblie.

J'opte pour un short gris très court et des collants opaques, une grosse écharpe et un manteau à capuche ; la météo est incertaine.

J'arrive au Relais H, dans le hall de l'hôpital. Denis Roth, membre de l'Association de citoyens contre les déserts médicaux, et Esther Morel, une militante parisienne avec qui j'ai sympathisé, sont déjà là. Tous les trois, nous deviendrons les fondateurs du mouvement des Gilets blancs de la santé, ce qui permettra de fédérer patients et soignants dans un combat collectif.

Esther a réussi à convaincre la députée écologiste des Hauts-de-Seine Sabrina Sebaihi de venir à la manif.

On se rencontre quelques minutes avant l'événement pour discuter de la santé, de mon parcours de lanceuse d'alerte et de ce qui me laisse penser que ma destitution est une sanction déguisée.

Je lui raconte mon coup de fil avec le directeur et notre échange, quelques jours plus tard, autour d'un café dans son bureau. Il ne m'a pas échappé qu'il était mal à l'aise et qu'il appréhendait la tournure qu'allaient prendre les événements.

Je lui rapporte aussi ce que m'a dit un membre de l'administration, à l'occasion d'une réunion médicale. Lors d'un congrès mayennais, où il était présent avec d'autres membres de l'hôpital, des dirigeants de grandes entreprises locales ont estimé que j'étais délétère pour l'attractivité du territoire.

En off, il me révélera qu'on lui a clairement dit : « Faites-la taire. »

En cela, ma destitution est porteuse d'un message pernicieux concernant le sort des lanceurs d'alerte tels que moi. D'ailleurs, et ce n'est pas anodin, une journaliste me glissera : « Comme par hasard, ton successeur n'aime pas la presse. »

Tandis que Sabrina Sebaihi m'écoute attentivement, les minutes s'écoulent et les manifestants arrivent peu à peu devant l'entrée principale de l'hôpital. Il est temps d'aller les retrouver.

Denis Roth est le premier à prendre la parole.

Je dirais qu'il y a environ 200 personnes. C'est bien pour une petite ville comme Laval – surtout par une froide journée pluvieuse. Beaucoup d'associations, de partis politiques et de collectifs sont représentés ; certaines personnes ont fait le déplacement depuis d'autres départements, ce qui fait chaud au cœur.

Les copines sont là, évidemment. Et, sous les parapluies, je remarque des parents de l'école de mes enfants, des maîtresses, d'anciens patients, ainsi que le père de celui qui me donne des étoiles dans les yeux (même si, en ce moment, on est plus proches de l'Outrenoir de Pierre Soulages que de *La Nuit étoilée* de Vincent van Gogh). Leur présence à toutes et à tous est touchante.

Après Denis, c'est au tour de Sabrina Sebaihi de prendre le micro.

« Je suis présente aujourd'hui pour apporter mon soutien à Caroline », souligne-t-elle, avant d'ajouter en riant que je suis un « sacré personnage ». Puis elle rappelle les combats qu'elle mène à l'Assemblée nationale avec d'autres députés, « tous très inquiets de la situation du système de santé de notre pays », et conclut son intervention en insistant sur la nécessité de « se battre collectivement pour sauver l'hôpital, sinon, craint-elle, ce joyau va disparaître ».

Je suis aussi très émue par les paroles prononcées par un agriculteur au nom d'un collectif local. « Caroline, les agriculteurs sont avec toi et toute la ruralité aussi », affirme-t-il, ce qui provoque aussitôt une chaleureuse salve d'applaudissements du public.

Pascal Grandet, qui représente Audace53, s'empare alors du micro. Comme les autres membres de cette association d'usagers de la santé du nord du département, il s'inquiète de l'annonce récente d'une réorganisation territoriale concomitante à ma destitution.

Ah oui, tiens, je n'avais pas fait le rapprochement. Il est vrai que, si j'étais restée cheffe de service, je les aurais incités à travailler en transparence, à inclure les usagers dans l'élaboration de ce projet, et non à rester dans un huis clos administratif.

Puis c'est au tour de Guillaume Garot, député socialiste de la première circonscription de la Mayenne, d'intervenir.

« Merci pour tout ce que tu as fait depuis plus de deux ans maintenant, dit-il, je considère que c'est de salut public. » Avant de rappeler qu'au-delà d'un problème local les Urgences, et plus largement le système de santé dans son ensemble, sont un enjeu national, il ajoute : « Nous sommes certains que ta voix continuera de porter et que personne ne te fera taire. » Et comme j'approuve d'un « non » catégorique, les rires fusent et les applaudissements éclatent.

Esther, quant à elle, prend le micro pour lire une lettre ouverte, rédigée par elle, Denis et son épouse, à laquelle elle ajoute quelques mots très émouvants écrits par sa fille.

C'est dur de ne pas céder aux larmes.

Pour garder les idées claires avant ma prise de parole, je concentre mon regard sur les quelques policiers présents. À leur proximité avec le groupe de manifestants, je vois bien qu'ils ne sont pas là uniquement pour sécuriser le dispositif. D'ailleurs, leurs signes de tête me confirment que j'ai leur soutien.

Pareils pour les pompiers.

Vient alors mon tour de m'adresser aux manifestants.

Je raconte à nouveau le pourquoi de ma destitution, ainsi que les raisons de cette sanction déguisée. Puis, sans prévenir, je me lâche un peu.

Je commence à raconter ma vie, qui je suis, d'où je viens, ce qui donne quelque chose comme ça :

« Sous mes airs de gentille, je suis une revêche. Une justicière. Mais surtout une guerrière et une battante. J'ai un caractère de cochon et je suis têtue comme un âne.

« Je ne suis pas fille de médecins. Je suis née à la campagne et j'ai toujours travaillé pour avoir ce que je voulais.

« Je n'ai pas toujours été d'accord avec mes parents, ce qui m'a valu quelques désagréments.

« Un jour, j'ai pris une décision personnelle que je vais garder pour moi mais qui était importante dans ma vie car elle me permettait de rester alignée avec moi-même. Elle était honnête et juste. Pourtant, je le savais, cette décision allait me mettre dans l'embarras le plus total, puisqu'elle aboutirait à ce que mes parents me coupent les vivres.

« Et pourtant, je l'ai prise.

« En troisième année de médecine, je me suis donc retrouvée sans rien. J'ai payé mes études en faisant du baby-sitting et du ménage, juste par conviction personnelle.

« Alors, si tous autant qu'ils sont, dis-je en appuyant mes paroles, ils pensent qu'ils vont me faire taire en m'enlevant ma chefferie de service, eh bien ils se mettent le doigt dans l'œil jusqu'au coude. Et même jusqu'à l'épaule. »

À ces mots, un brouhaha monte parmi les manifestants et tous m'applaudissent avec ferveur.

Je suis heureuse, pleine d'énergie, nourrie par tout cet amour que je reçois.

Je sais que mon combat est juste, je sais que je suis au bon endroit.

Tous ces gens comptent sur moi et je ne peux pas les décevoir.

Chacun doit avoir accès aux soins partout et tout le temps.

Je ne changerai pas le monde à moi toute seule. Mais, si on s'y met tous, on peut faire quelque chose de grand.

Épilogue

À l'heure où j'écris ces lignes, la situation dans mon hôpital, comme dans ceux du reste de la France, n'a fait que se dégrader encore un peu plus. On multiplie les plans blancs. On ne compte plus le nombre de manifestations pour défendre la santé, ni non plus le nombre de ministres de la Santé – une vraie collection.

Je continue malgré tout à espérer que des mesures à la hauteur de ce dont le système de santé a besoin seront prises. Un premier pas vient d'être franchi avec l'adoption à l'Assemblée nationale de la proposition de loi sur le ratio soignant/patients qui vise à instaurer un nombre minimal de soignants par patient dans les hôpitaux. C'est un bon début, une entrée en matière appréciée dans un cercle vertueux qui a pour but de faire revenir des soignants désabusés par un système maltraitant.

Mais on le sait, au-delà de l'hôpital, c'est tout le système de santé qui s'effondre.

Pour remédier à cette débâcle, il faudra plus de médecins traitants et plus de spécialistes en ville, plus d'infirmiers dans les Ehpad, plus d'aides à domicile pour le maintien des personnes dans leur logement. Il faudra également valoriser les métiers du soin ou liés à la santé, accepter de nouveaux métiers, comme les IPA, les infirmiers en pratique avancée, et ne pas redouter une évolution dans les pratiques.

Cependant, si des changements doivent avoir lieu – ce sur quoi nous sommes tous d'accord –, ils ne peuvent se faire qu'en respectant l'humain. Le meilleur médicament, c'est l'humain. De ce principe fondamental ne devraient découler que de bonnes décisions.

Remerciements

Merci à mes quatre enfants pour leur soutien, leur amour et leur émerveillement dans cette belle aventure. Merci de porter un si beau regard sur la vie. Merci de me montrer chaque jour le chemin du bonheur. Vous êtes merveilleux et je suis si fière de vous quatre.

Merci à Marie Jousse d'avoir mis Martin du Peuty sur ma route. Sans lui le livre ne serait jamais né.

Merci à ma sœur Aurélie, à la team des wonderful girls, à la team des guerrières et à la team Pentecôte pour leur soutien permanent, leurs épaules réconfortantes.

Merci à la team des gilets blancs, mes piliers dans le combat quotidien.

Merci à mes amis relecteurs attentifs.

Merci à mes collègues enthousiastes et fans avant l'heure.

Merci à *Inclusive Beauty Bar* d'avoir accueilli nos séances de travail avec Martin.

Merci aux militants de répondre toujours présents.

Merci aux gens dans la rue qui m'interpellent pour me parler et soutenir la santé.

Merci à Van Gogh pour la sérénité qu'il m'apporte.

Merci à Frédérique Tristant et à Marc Chagall pour le rêve et l'évasion spirituelle quotidienne.

Merci au papa de soutenir le livre malgré ses réticences initiales. Il compte sur la bienveillance et la discrétion des lecteurs concernant nos enfants.

Et, évidemment, un merci tout spécial à Solal et Vassili des Éditions du Seuil qui ont cru en ce livre.

Table

RÉALISATION : NORD COMPO À VILLENEUVE-D'ASCQ
ACHEVÉ D'IMPRIMER SUR ROTO-PAGE
PAR L'IMPRIMERIE FLOCH À MAYENNE
DÉPÔT LÉGAL : MAI 2025. N° 158754 (106826)
IMPRIMÉ EN FRANCE